LA SOCIEDAD
DE EL SILENCIO

LA SOCIEDAD DE EL SILENCIO

Ricardo Ferreira

Número de Control de la Biblioteca del Congreso de EE. UU.:   2015910939
ISBN: Tapa Dura   978-1-5065-0290-8
              Tapa Blanda   978-1-5065-0291-5
              Libro Electrónico   978-1-5065-0292-2

Para realizar pedidos de este libro, contacte con:
Palibrio
1663 Liberty Drive
Suite 200
Bloomington, IN 47403
Gratis desde EE. UU. al 877.407.5847
Gratis desde México al 01.800.288.2243
Gratis desde España al 900.866.949
Desde otro país al +1.812.671.9757
Fax: 01.812.355.1576
ventas@palibrio.com
651121

Índice

DEDICATORIA

Dedico este libro a quien ha vivido parte de mi vida, mi hijo Ricardo Ferreira González y a mi ex alumna y amiga Marianela Francioni.

RECONOCIMIENTOS

Agradezco el reconocimiento de: mi hijo Ricardo Ferreira González, Marianela Francioni, Irina Francioni, James Paredes, Zacarías García, Esso Álvarez, José Otuber, Juan Quintero y Juan Carlos Díaz, por el apoyo para la realización de este libro.

PRÓLOGO

En el momento que Ricardo Ferreira me propuso la idea de querer hacer un libro con las fotografías de **La Sociedad de "El Silencio"**, donde trabajó desde finales del 2008 al 2011, *aprecié y tomé la idea con mucha emoción, como su ex alumna me sentí halagada.*

Con este proyecto me vi transportada a ese lugar de la ciudad de Caracas que vi crecer y transformarse varia veces. Me permitió imaginarme cómo fue su nacimiento y desarrollo en el tiempo de su historia, historia que desconocía totalmente, siendo un lugar tan céntrico e importante de la capital de Venezuela.

Me enfoqué en hacer un orden visual, donde las fotografías tengan una secuencia pictórica e humorística, con la finalidad de que las fotos expresen ese día a día como un momento histórico de forma abstracta y de una belleza irreal, pero que son verdaderas.

Espero que disfruten las imágenes que hablan por sí sola tanto como yo he disfrutado su elaboración.

Marianela Francioni
Panamá 2013.

PREFACIO

La motivación de hacer este libro es hacer llegar a muchos esas historias de un lugar que se llama **"El Silencio"**, cuadras de edificios en el centro de la ciudad de Caracas, Venezuela, que al inicio se llamaba *Tartajal* que significa atascadero.

Nació en el 1567, era un sector de vida precaria por sus habitantes de bajas condiciones.

En el 1812, el terremoto dejo todo desolado, zona donde se da la vida loca, prostitución, alcohol, etc.

En 1889, se da como oficial el nombre **"El Silencio".**

Este complejo arquitectónico tuvo muchas historias en el transcurso de los años, en el 1998 se convierte en Bien de interés Cultural.

"El Silencio", pasa de ser una estructura habitacional a ser una barriada llena de todo lo inimaginable, y da al fotógrafo Ricardo Ferreira la noción de una Sociedad; ver gente caminando, buhoneros, los comercios, todos interactuando de una forma u otra.

La Sociedad del Silencio, es un registro fotográfico (desde finales del 2008 hasta el año 2011), de ese día a día, que no vemos y está ahí.

Las tomas fueron realizadas en varios horarios, días enteros, sol, lluvia, con permiso de la persona, en incógnito, de lejos, un trabajo muy detallado, mostrando con pinceladas, imágenes de esa jornadas diarias, situaciones y personajes.

Este libro está dirigido a ese público sediento de imágenes que hablen por sí solas, sin trucos, sin cortes ni retoques. A estudiantes del arte fotográfico contemporáneos para que disfruten de un artista a través de su lente fotográfico.

Marianela Francioni

Introducción

Ricardo Ferreira ha logrado en esta muestra "La Sociedad de El Silencio" una completa **crónica** del complejo mundo del centro de Caracas, a la vez que crea **arte**.

Más de dos años (desde finales del 2008 al 2011) recopilando la vida en fotos, nos llegan 200 historias que necesitan ser apreciadas de forma independiente, pero también como un solo conjunto, para entender a la Venezuela de hoy.

Biografía

Ricardo Ferreira

En 1949, el mismo año en que se inicia la construcción de Centro Simón Bolívar, mejor conocido como las Torres de El Silencio, viene al mundo Ricardo Ferreira, quien sería uno de los mejores cronistas gráficos de esta genuina parte de Caracas, en donde aún vive.

El alumno

Muy joven inicia su camino en el mundo de la fotografía en el Instituto Neumann de Caracas, lugar en donde se reunían los mejores docentes de artes del país. En 1971-1975 realiza estudios bajo la tutela de maestros como José Sigala, Alexis Pérez Luna, Jorge Vall, Federico Fernández, Ricardo Armas, Jorge Cruz, German Romaike, Mireya Chamis, Patricia Oracci, Bill Day y Julio Vengoechea, entre otros.

El docente

Además de alumno, fue asistente de cátedra, lo que le valió una experiencia aún más rica en su formación, descubriendo su gran vocación: la docencia. Esta lo llevará a las aulas del Instituto Neumann, la Facultad de Arquitectura de la Universidad Central de Venezuela, El Instituto Universitario de Estudios Superiores de Artes Plásticas Armando Reverón, Facultad de Diseño y

Arquitectura de la Universidad José María Vargas y a la Universidad Nacional Experimental de las Artes.

Reportero

Como Reportero Gráfico trabajó en los mejores medios de Venezuela: El Nacional, El Universal, El Diario de Caracas y el Nuevo País. Desarrolla polémicos reportajes como "Tacoa" en 1988, en donde desentraña las causas de una de las peores tragedias que recuerda el país y que causó más de un centenar de muertos, entre estos algunos de sus amigos periodistas que cubrían el evento, así como bomberos, policías y vecinos, tras la explosión de una central termoeléctrica.

Expositor

Como expositor, participó en más de veinte exposiciones colectivas entre Venezuela, Cuba, Finlandia y Estados Unidos; y nueve exposiciones individuales en Caracas. Ha sido reconocido con numerosos premios, entre los que se destacan el XIII Premio de Fotografía "Luis Felipe Toro" del CONAC 1993, el XLI Premio Municipal de Artes Visuales "Salón Juan Lovera" 2012 y Premio Municipal de Patrimonio Histórico Aquiles Nazoa 2012.

Entre sus trabajos más reconocidos se encuentra las 24 imágenes del viejo Cementerio General del Sur, publicadas en 1984, denominada "La segunda muerte". En esta se destaca con un estilo muy personal de captar el contraste de la realidad, el abandono de los muertos y el humor, concepto que se repite en esta muestra de "La Sociedad de El Silencio".

Irina Francioni
Panamá, Noviembre 2014

CUERPO DE LA OBRA

Ricardo Ferreira ha logrado en esta muestra: *La Sociedad de "El Silencio"* una completa *crónica* del complejo mundo del centro de Caracas, a la vez que crea **arte**. Más de dos años (desde finales del 2008 al 2011), recopilando la vida en fotos, nos llegan 200 historias que necesitan ser apreciadas de forma independiente, pero también como un solo conjunto, para entender a la Venezuela de hoy.

Como *crónica*, recoge el espíritu de El Silencio. Ese mercado persa que ofrece símbolos patrios, cuerdas para zapatos, fundas para armas, dibujos a pincel, el hombre araña... literalmente cualquier cosa. Es un símil del pensamiento del caraqueño, que aprovecha cada oportunidad que le ofrece la calle, sin importarle el vecino.

Estas fotografías nos permiten descubrir el humor del caraqueño, su camaradería fraterna, su desparpajo, su preocupación, la coquetería de la mujer, la pobreza y hasta la violencia. Y por encima de todo, esa infinita sensación de que la calle es la sala de su casa porque la usan para dormir, criar a los hijos, leer el periódico o jugar dominó.

Un nuevo sincretismo entre una cultura globalizada, de consumo y de noveles santidades se reflejan en las fotos. La religiosidad de un poster de Jesús, mezclado con la toalla del Che y el suéter del Súper Chávez. Las figuras de diablos o un buda riendo se confunden con Hello Kitty o Nike.

Lo femenino de una sociedad matriarcal, destacado en los bustos de las maniquíes, los ríos de mujeres en la calle, la coquetería de unos tacones altos, contrastada con las buhoneras que improvisa una tienda en los muros de las aceras o las que cuidan a sus pequeños.

Como **arte**, se siente la sincronía en el desorden y la armonía en la desarmonía de las imágenes, como el cinetismo captado en la onírica escena del hombre bajando las deterioradas escaleras de caracol

La genialidad de Ricardo expresada en esa secuencia temática sobre ejes como el curso de oratoria o motos. Su creatividad se palpa en composiciones con miles de detalles, formas, ángulos, luces, sombras, texturas, contrastes. Allí los maniquíes se destacan: torsos, piernas, cuerpos, vestidos, desnudos, en orden, en desorden.

Rostros tomados por sorpresa. El hombre maduro satisfecho de la vida, el joven que mira al vacío sumido en pensamientos mientras espera clientes, el moreno que sonríe como galán de cine, el parroquiano con el policía o las mujeres tomando café.

Crónica y arte, así es este libro de Ricardo Ferreira: *La sociedad de "El Silencio"*.

Irina Francioni
Panamá, Noviembre 2014

Premios Obtenidos

- Primer Salón de Fotografía de FundaComún. **Mención 1982.**
- IV Salón de Fotografía CONAC. **Mención Honorífica 1984.**
- El Eterno Arte del Maquillaje, Estee Lauder. **Mención especial 1986.**
- 8va Exposición Anual del libro Ilustrado y la Fotografía Documental, I.A.B.N. **Reconocimiento 1987.**
- 50 años de la Revista SIC, **Mención Especial 1987.**
- Premio XIII Luis Felipe Toro de Fotografía CONAC **1993.**
- Premio del Buen Ciudadano otorgado por el Consejo del Municipio Bolivariano Libertador. **Caracas 2007.**
- XLI Premio Municipal de Artes Visuales "Salón Juan Lovera" **2012.**
- Premio Municipal de Patrimonio Histórico Aquiles Nazoa, **Mención Helmut Neumann 2012.**

Ferreira comparte con profesores de considerable renombre en la fotografía venezolana, como José Sigala, Alexis Pérez Luna, Jorge Vall, Federico Fernández, Ricardo Armas y Julio Vengoechea, entre otros.

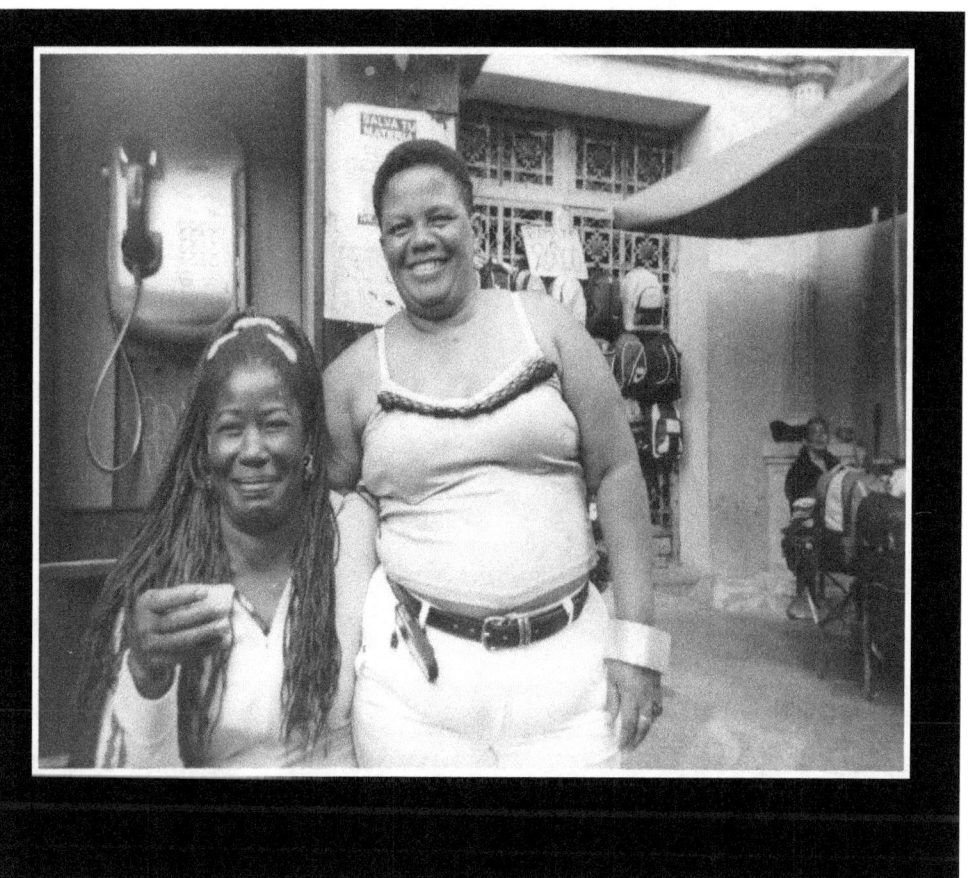

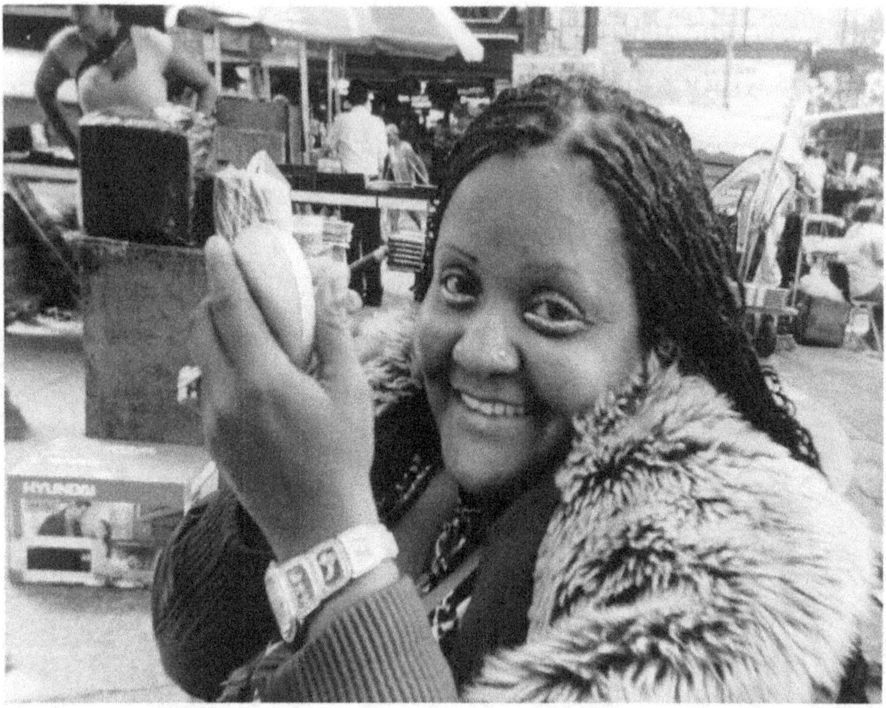

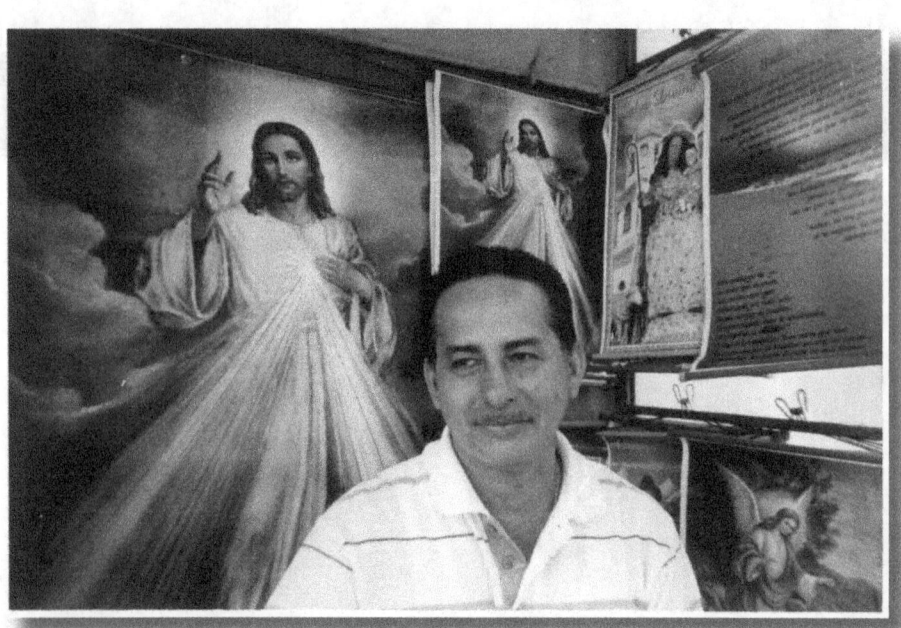

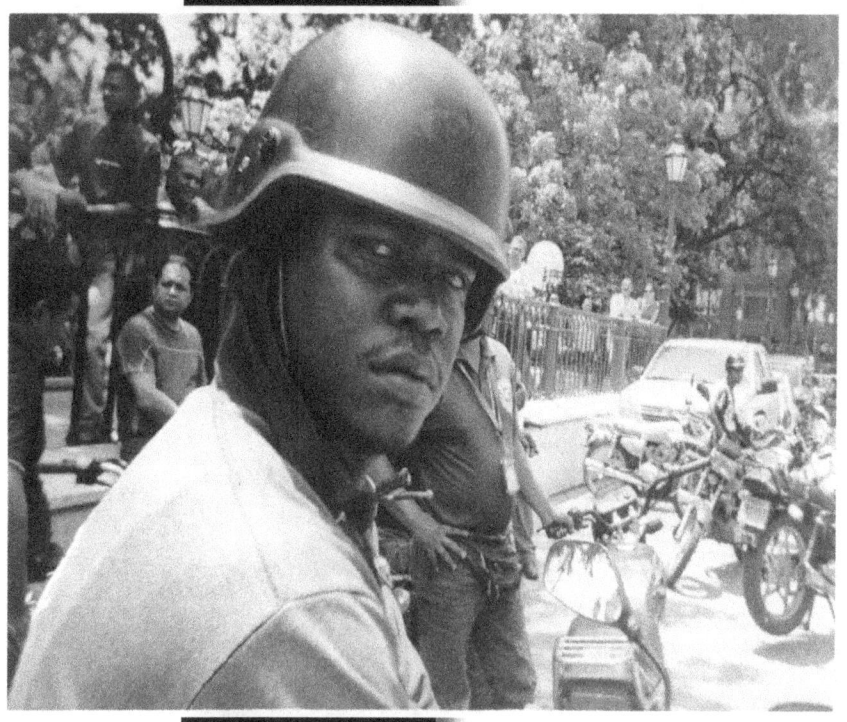

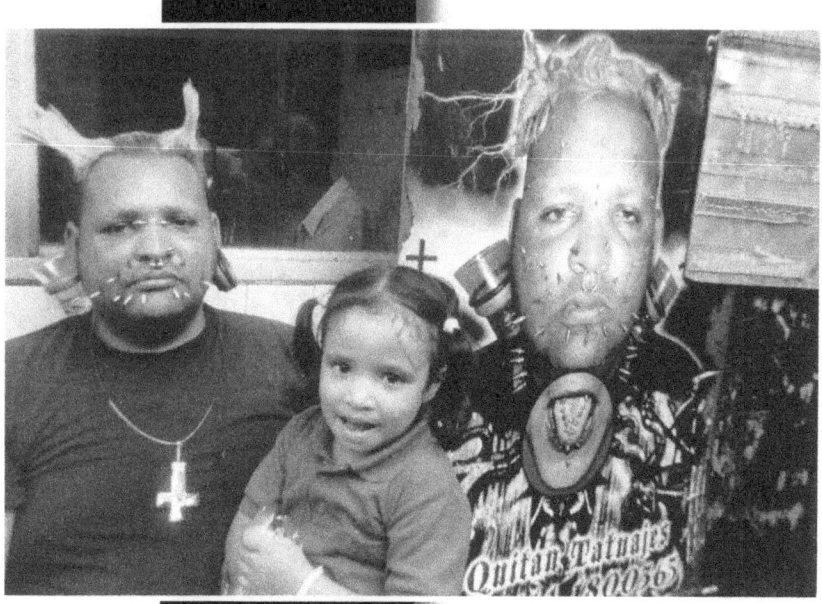

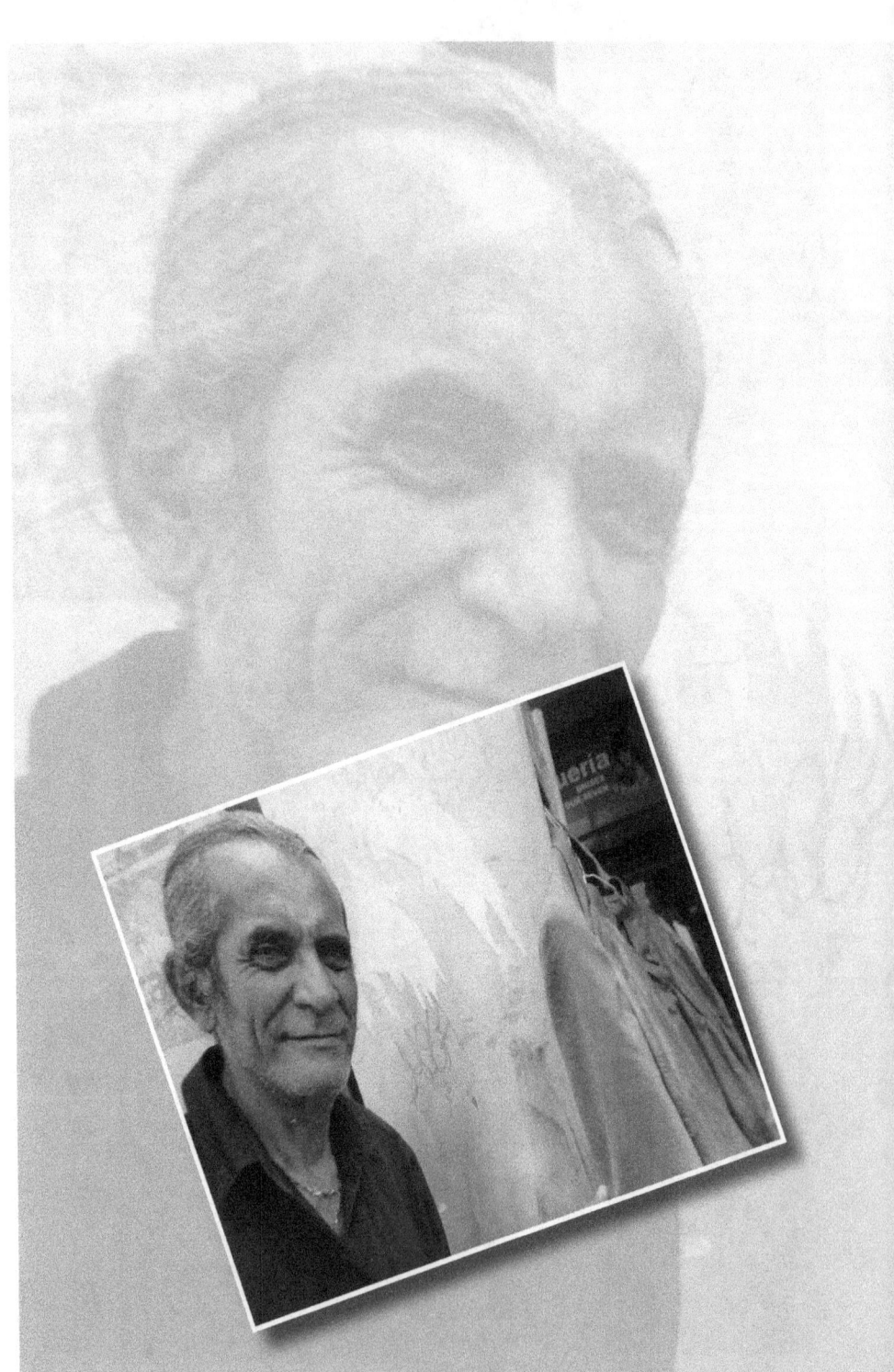

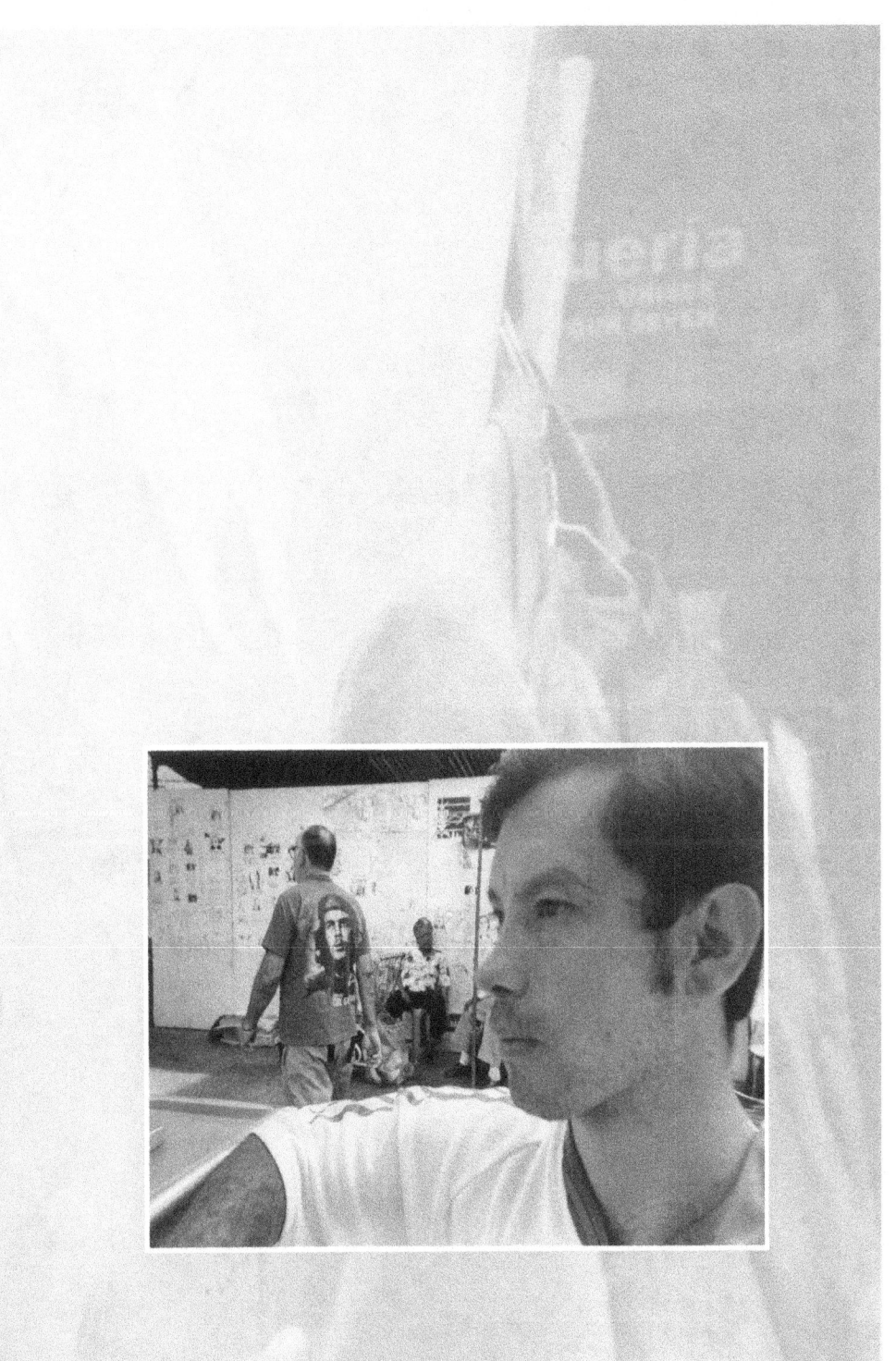

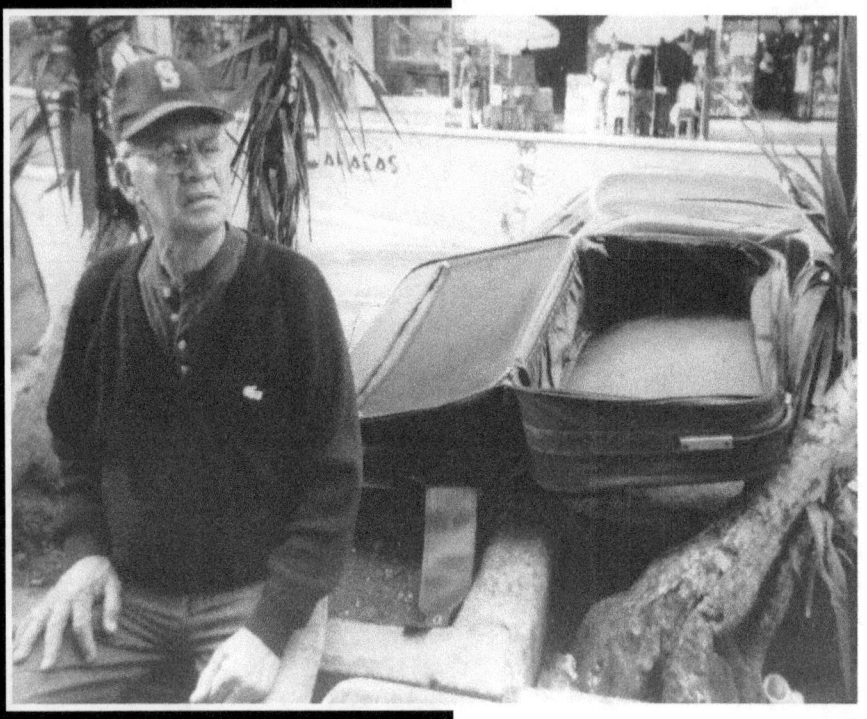

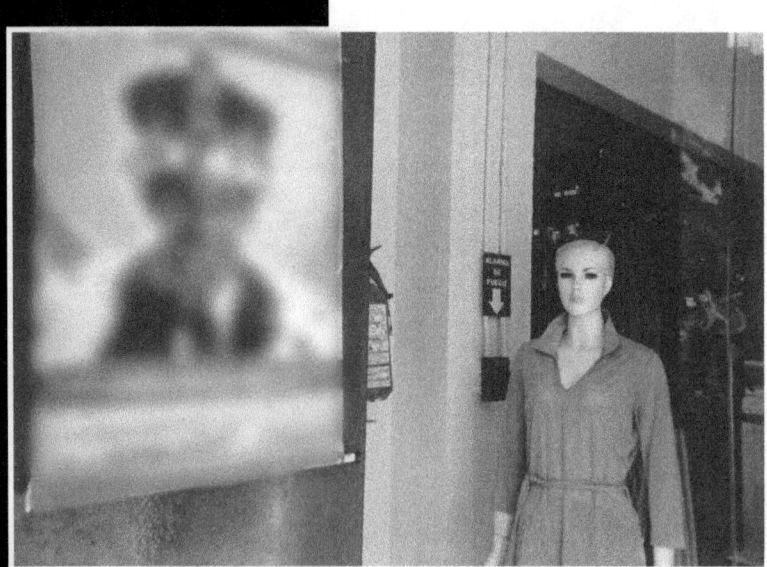

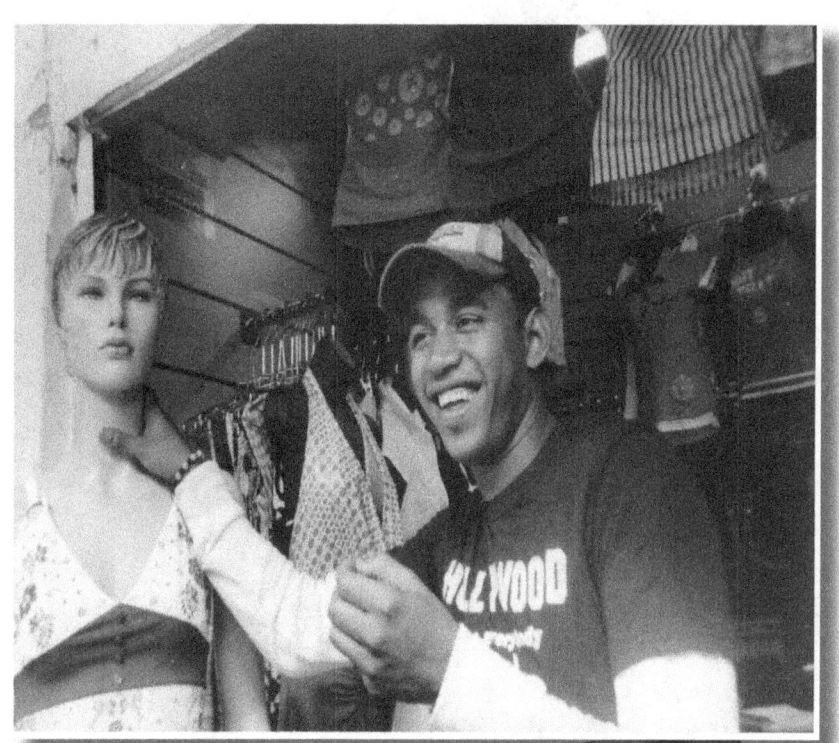

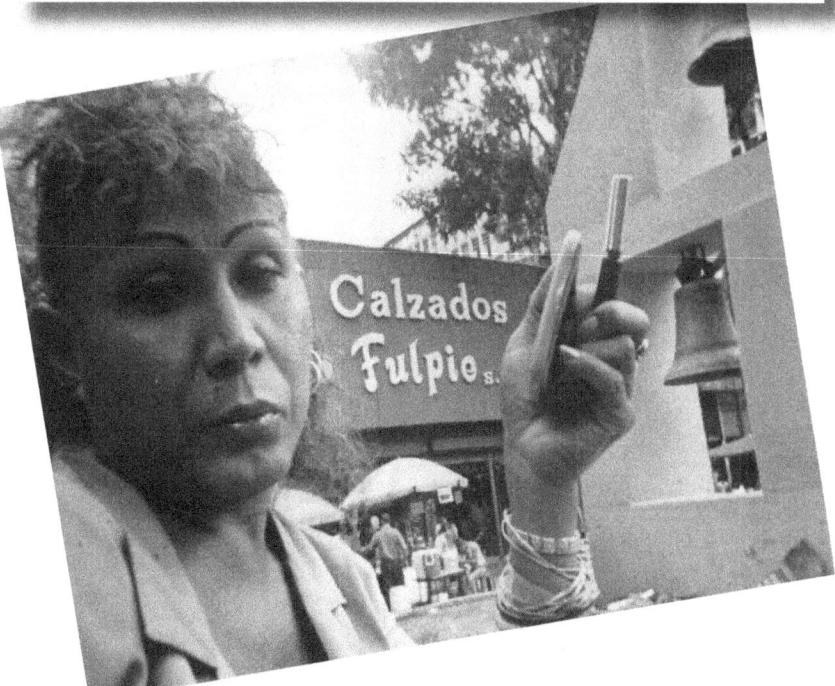

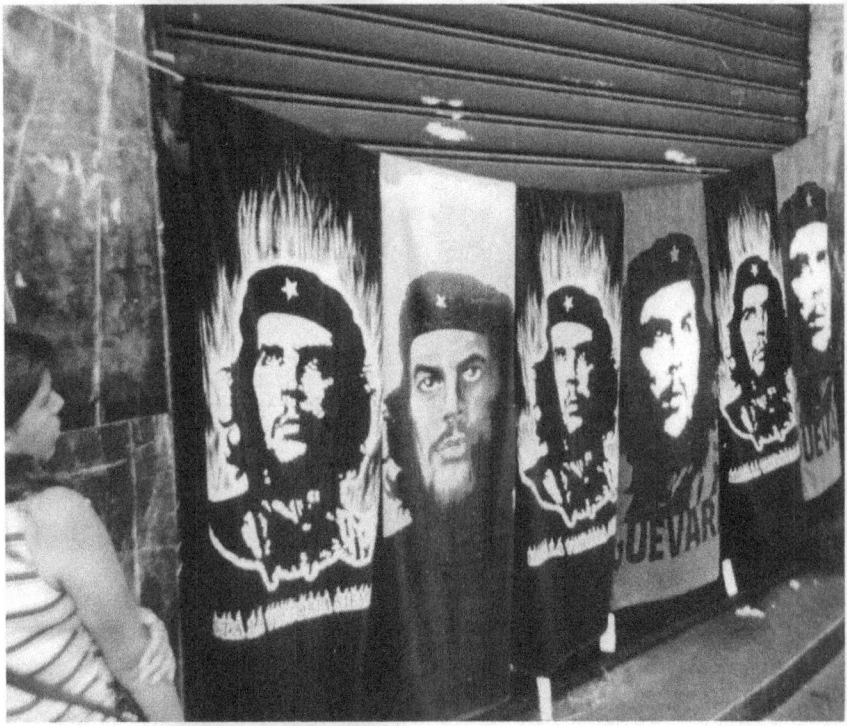

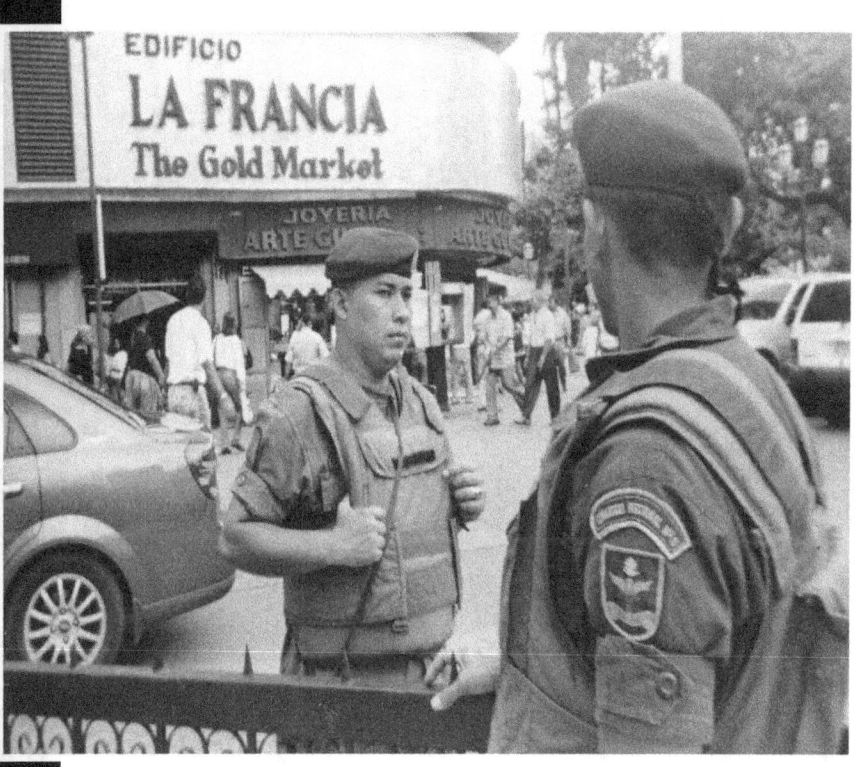

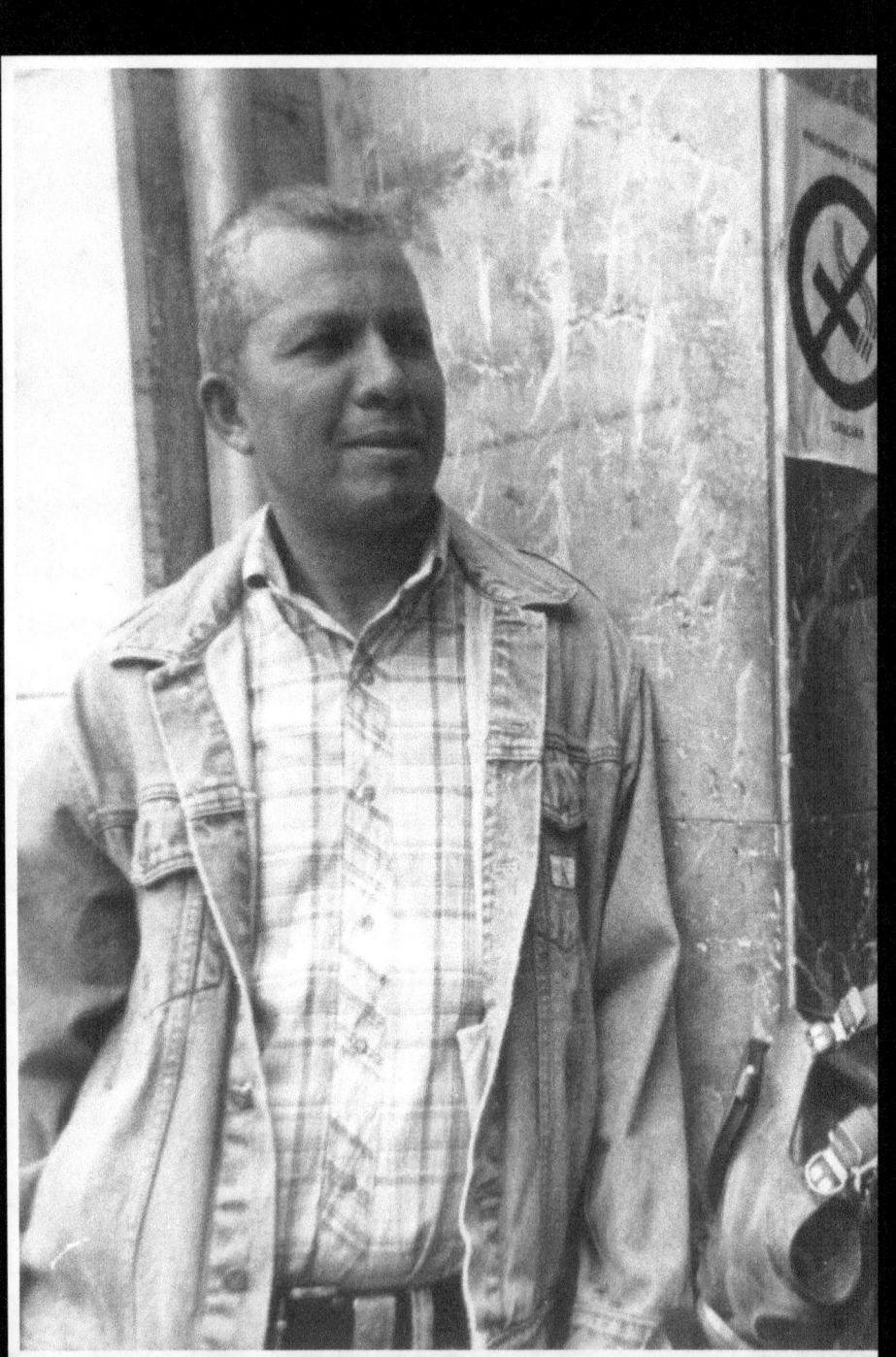

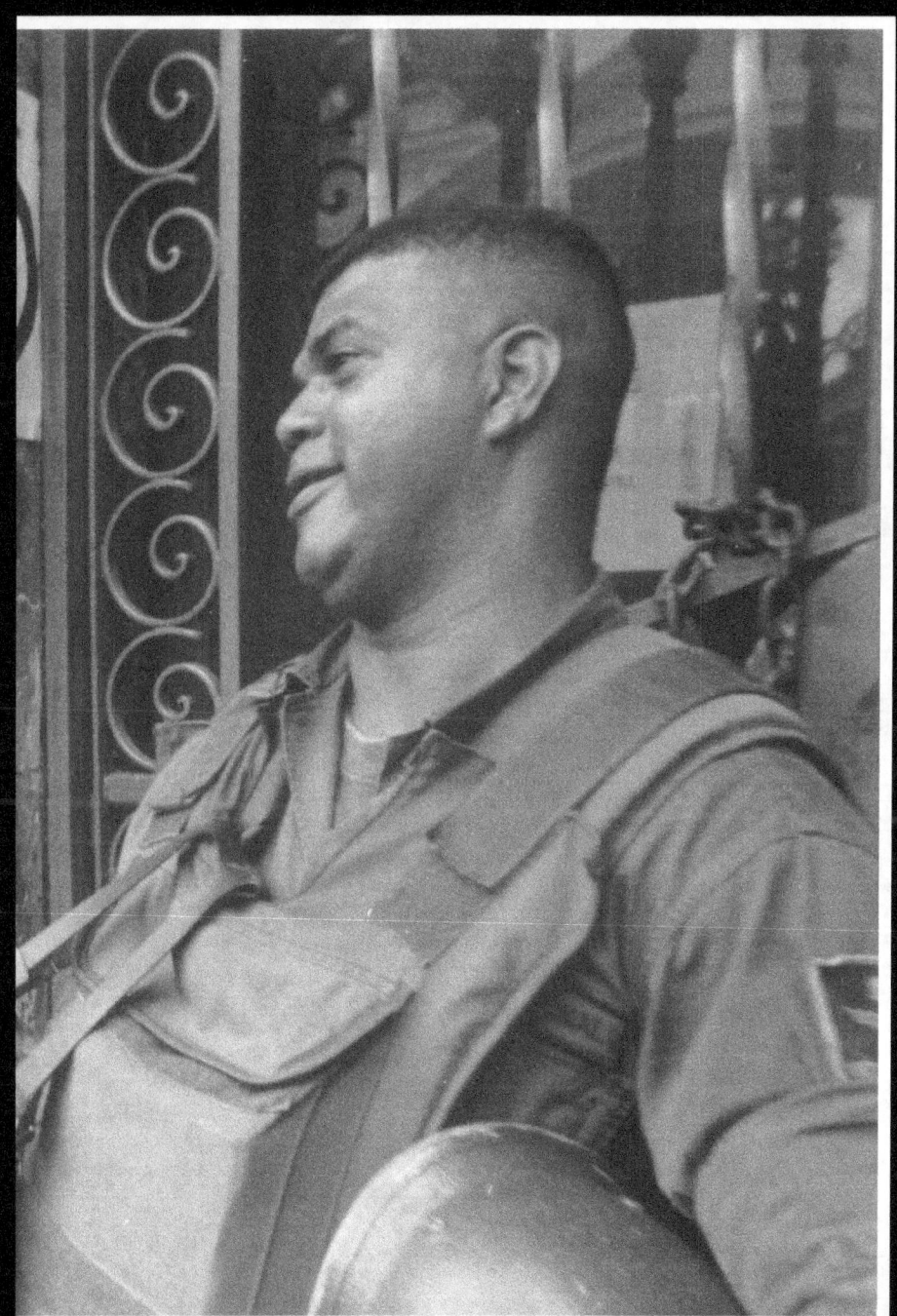

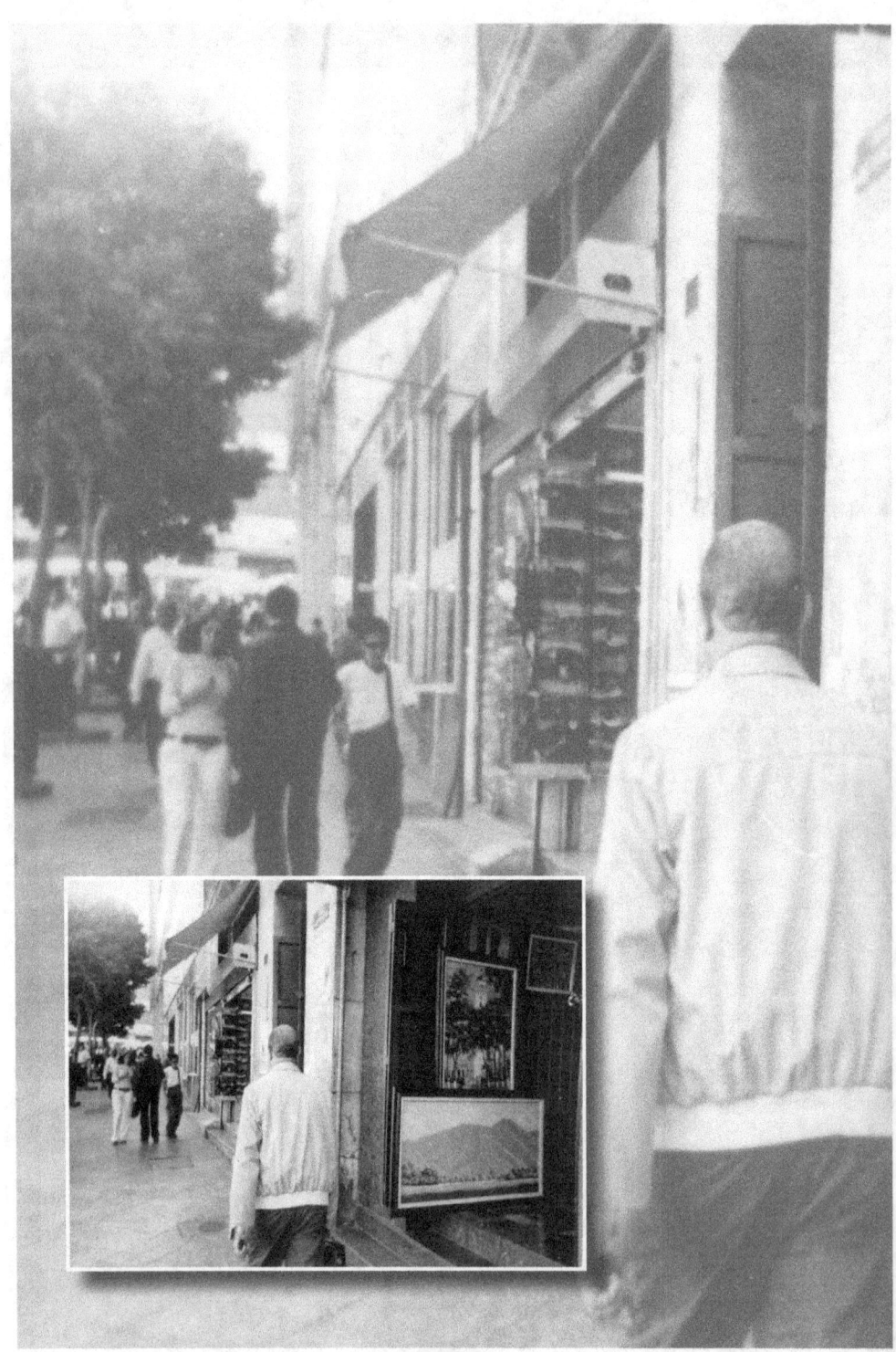

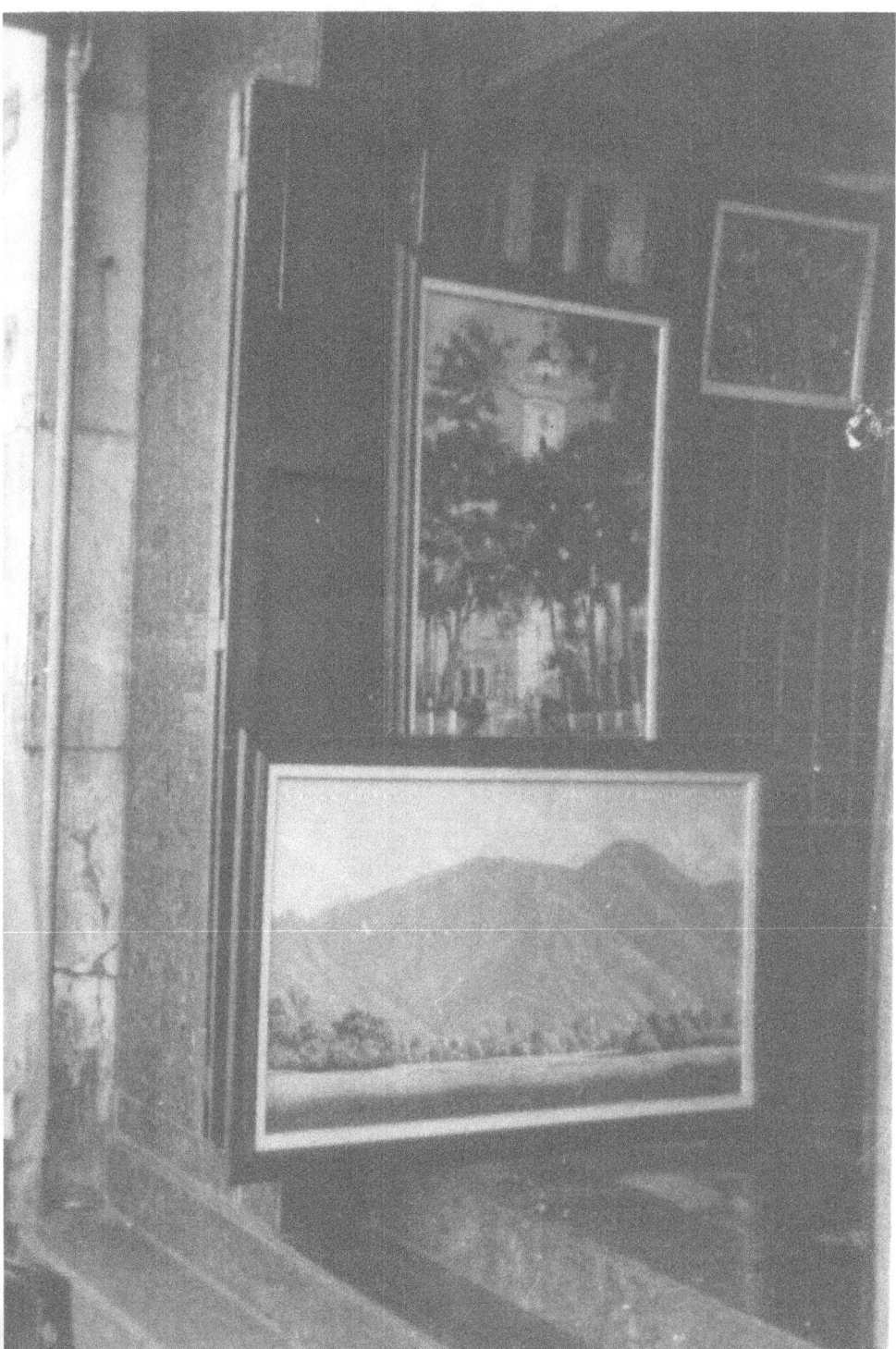

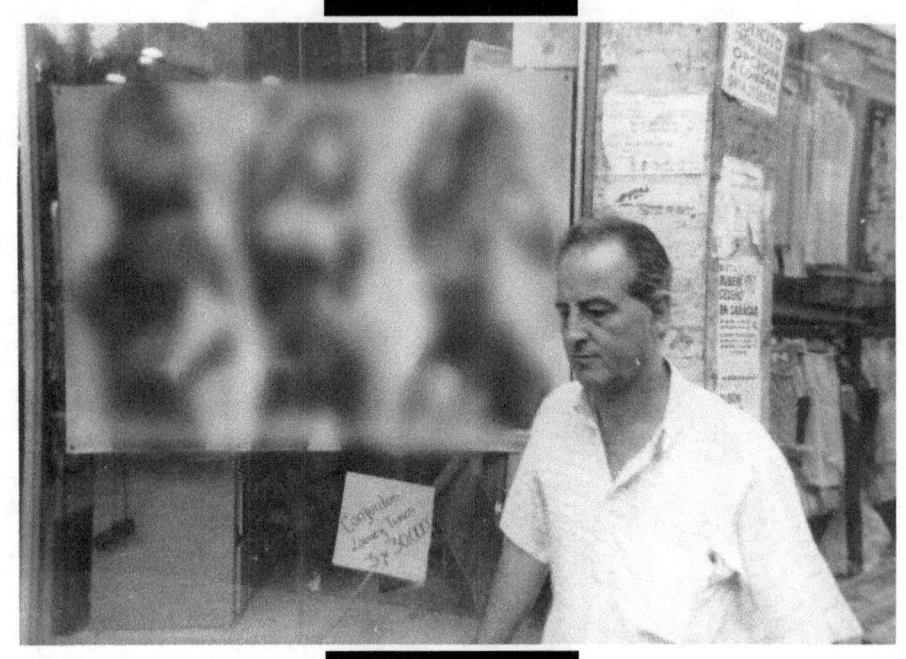

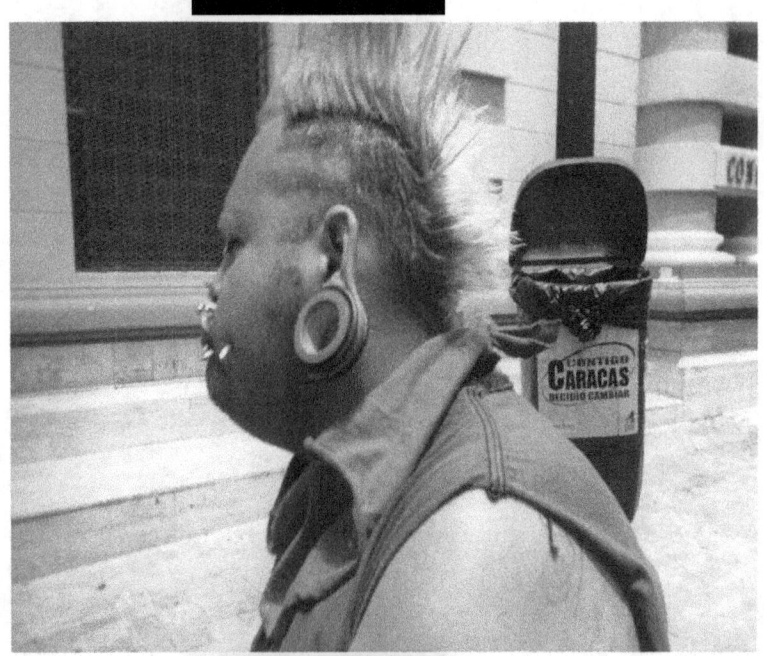

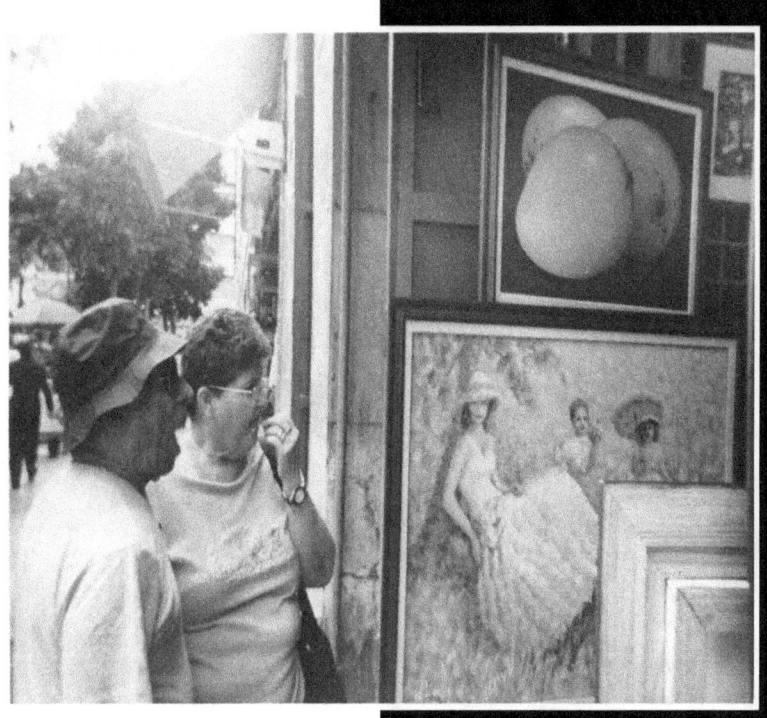

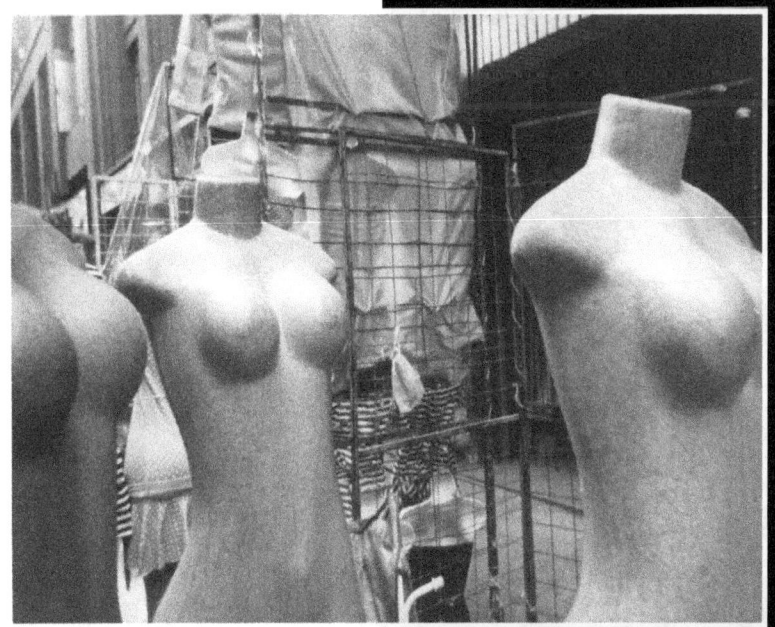

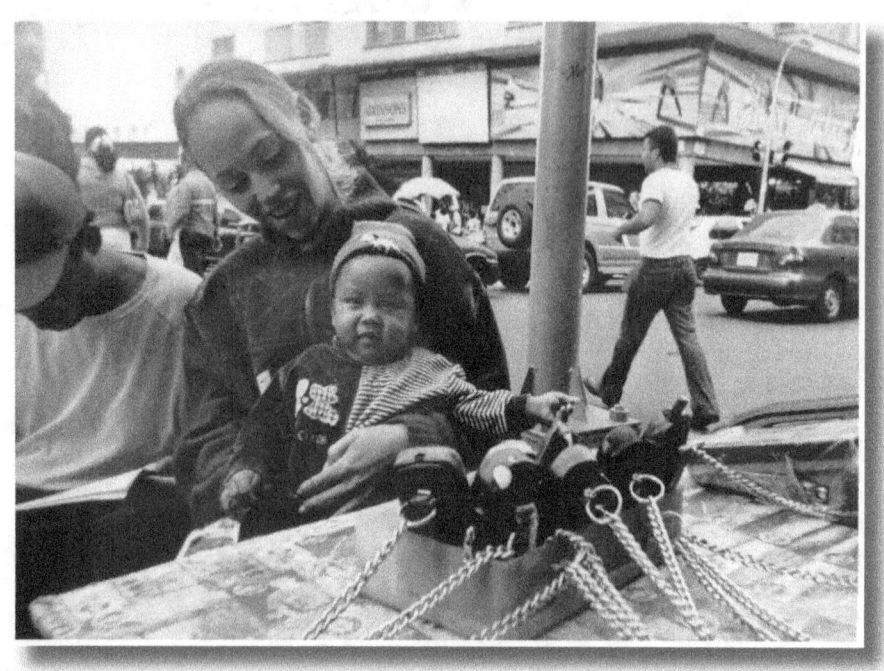

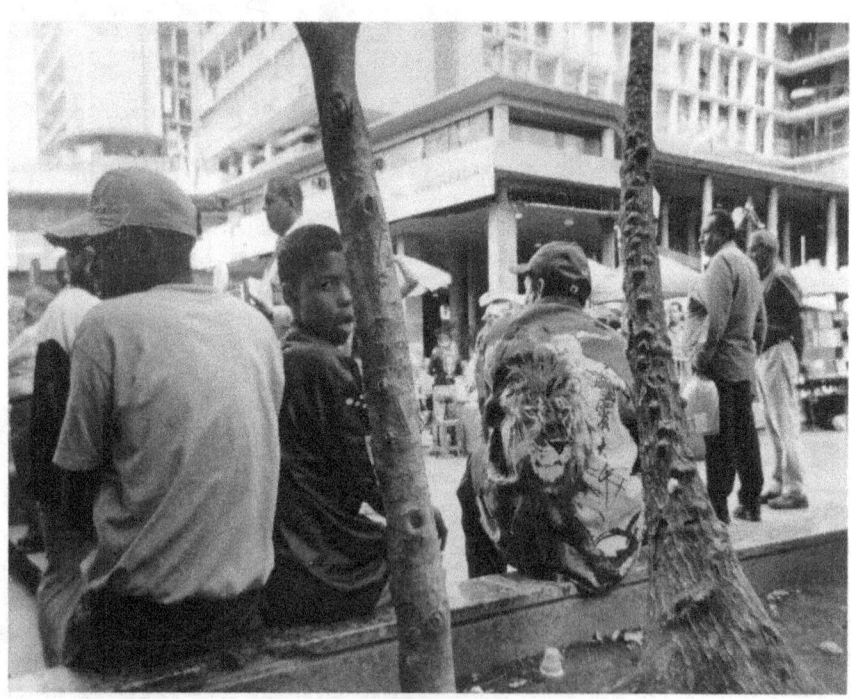

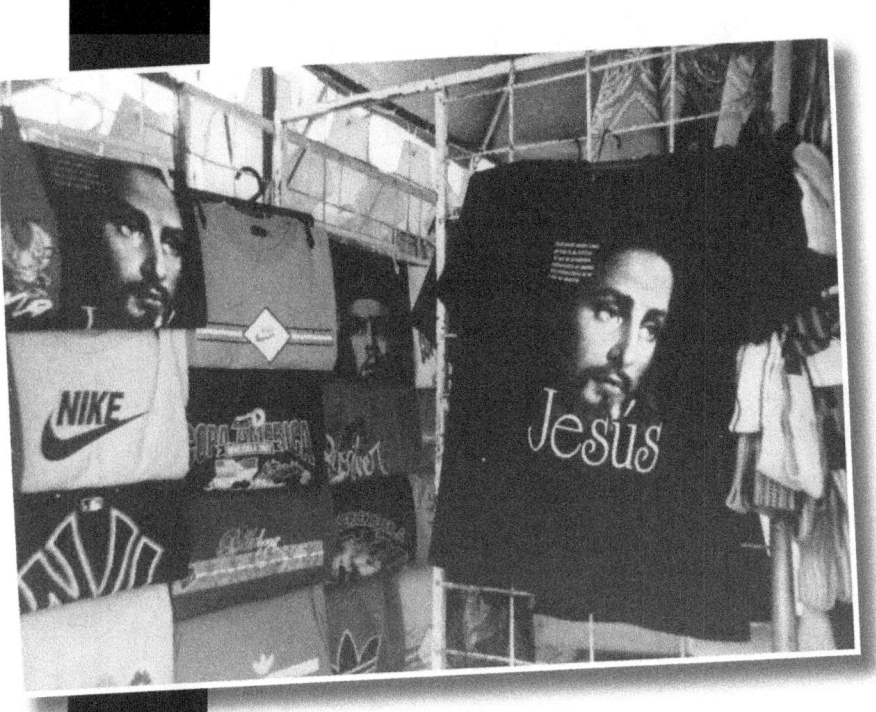

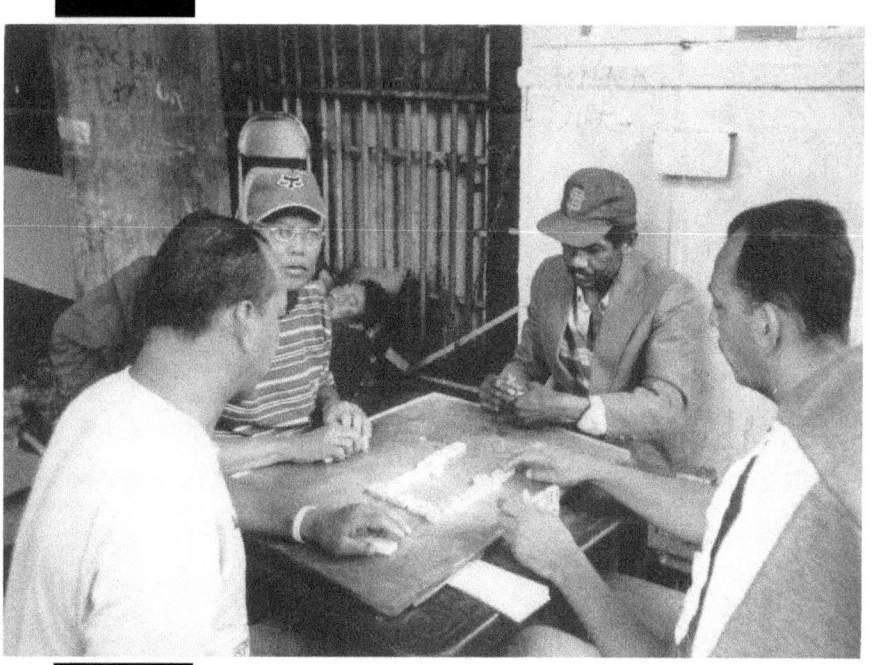

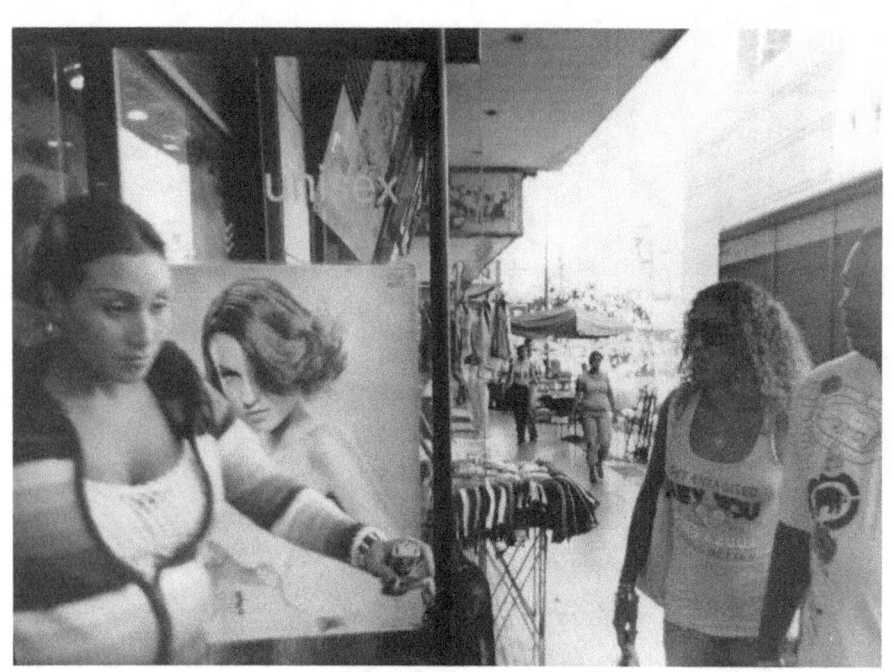

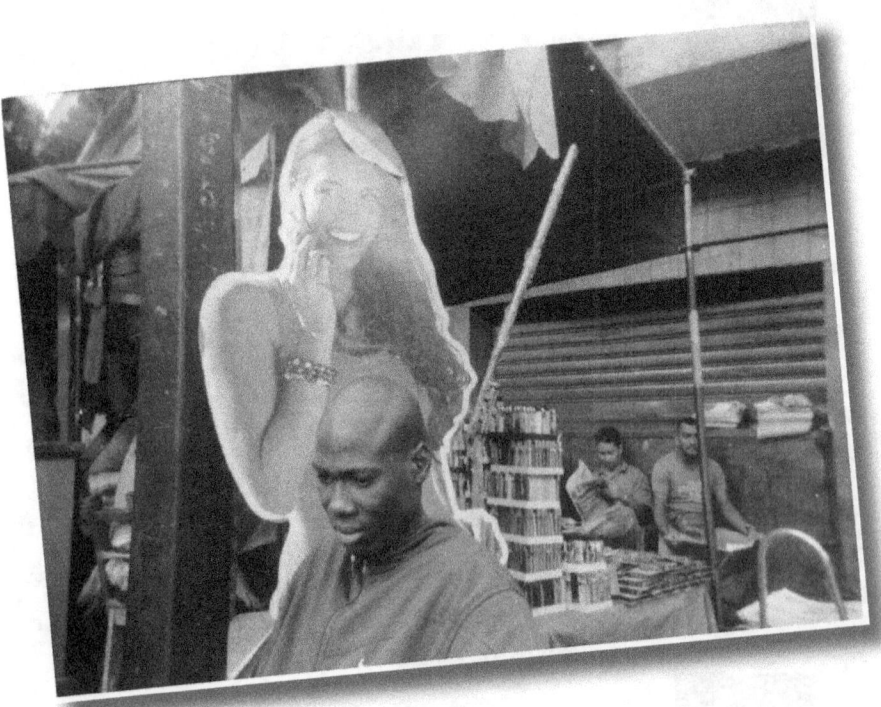

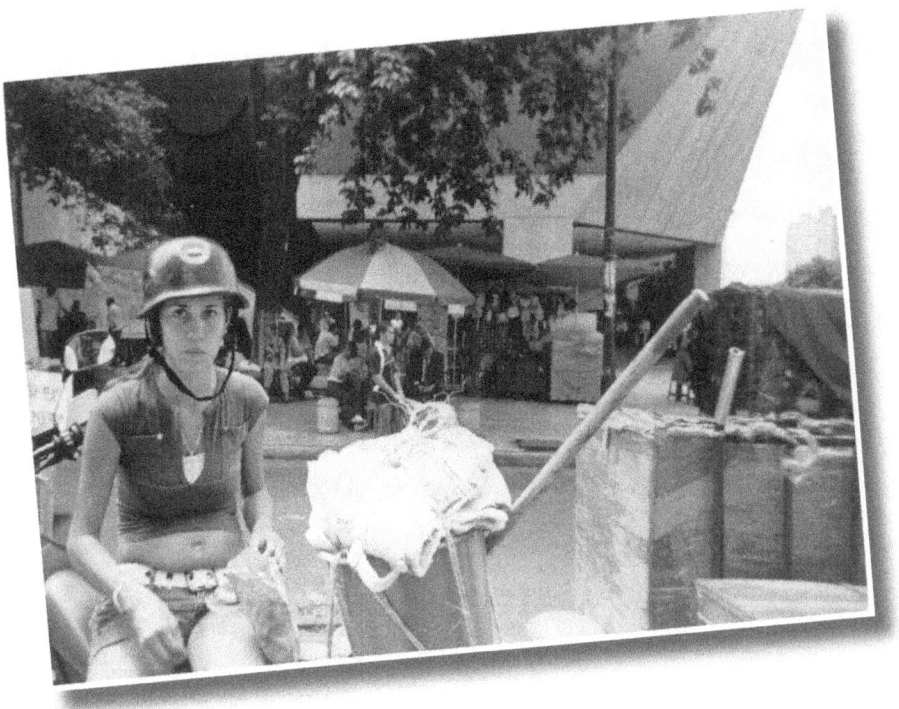

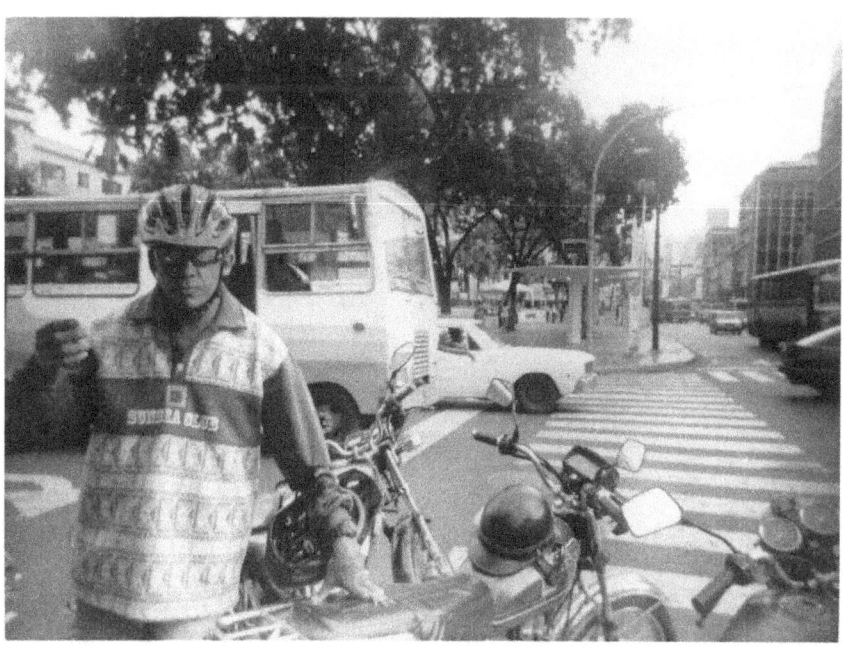

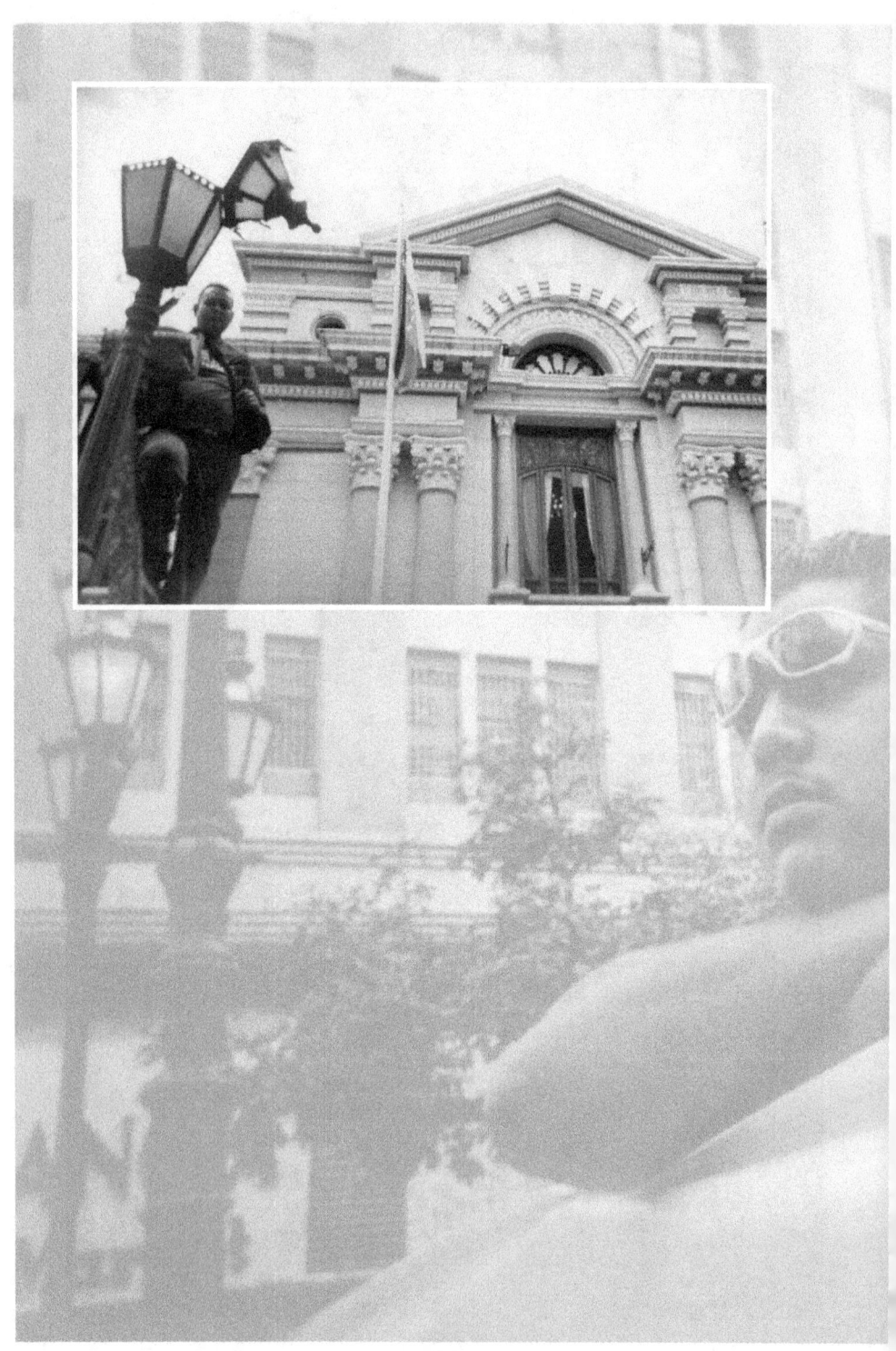

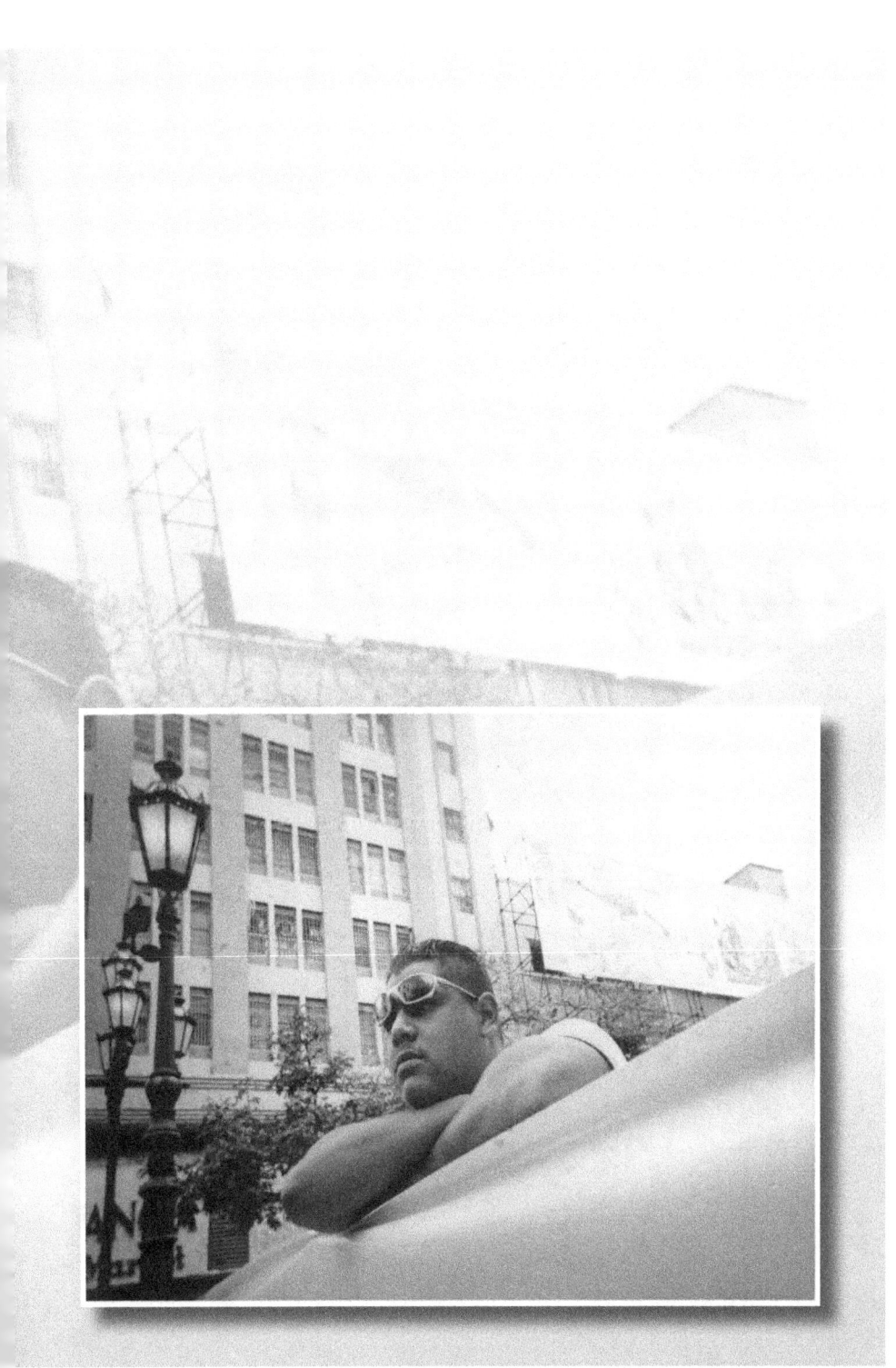

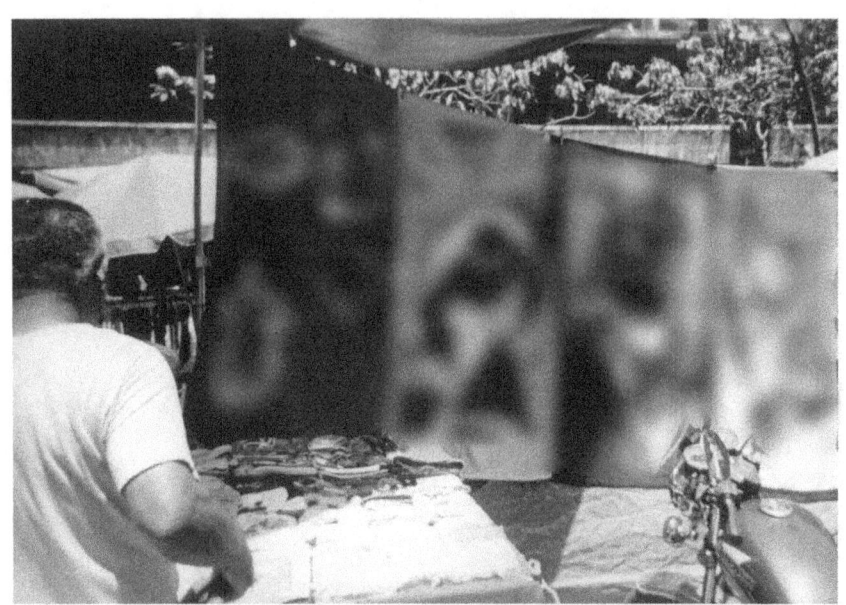

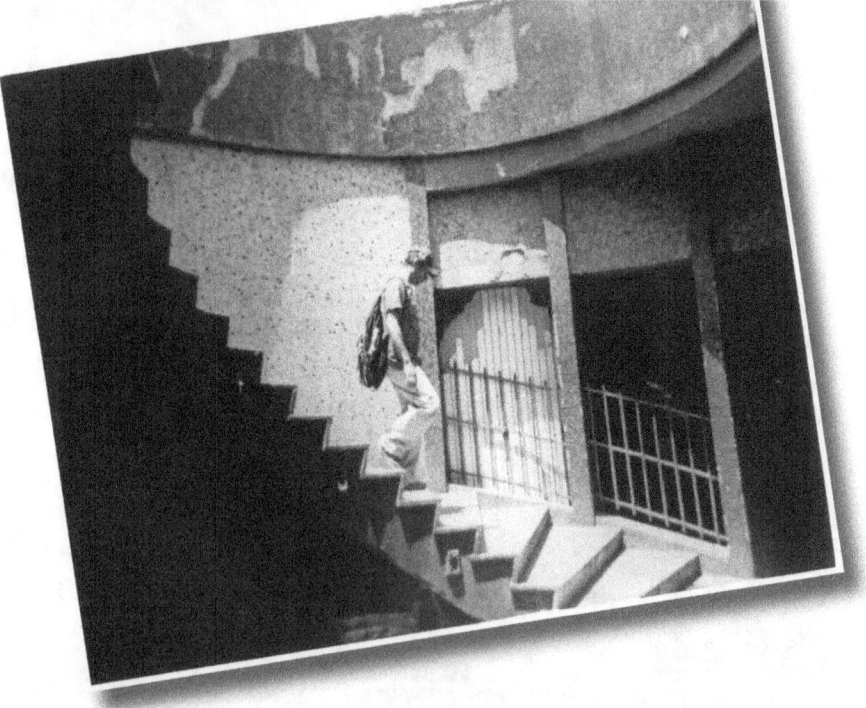

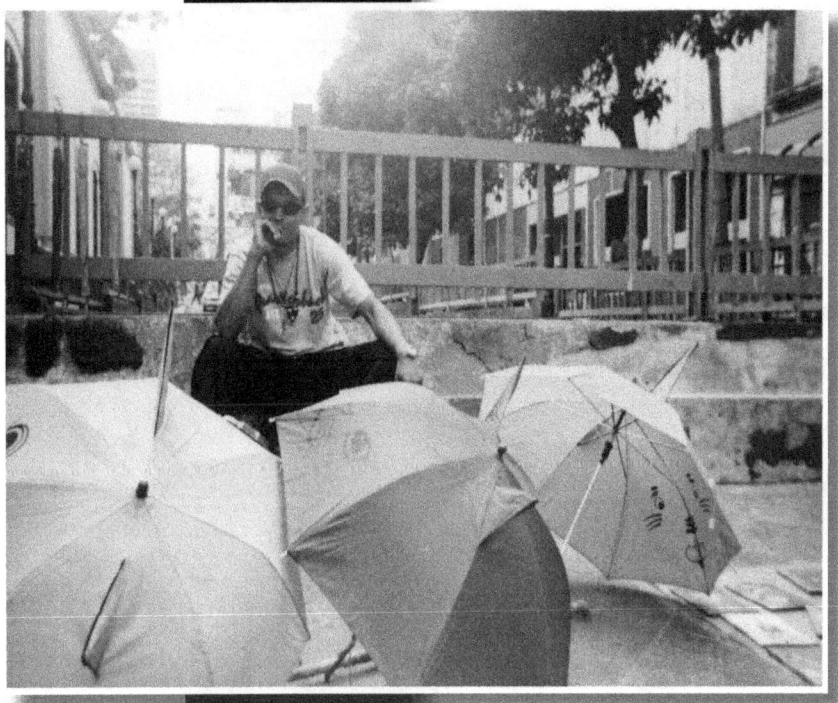

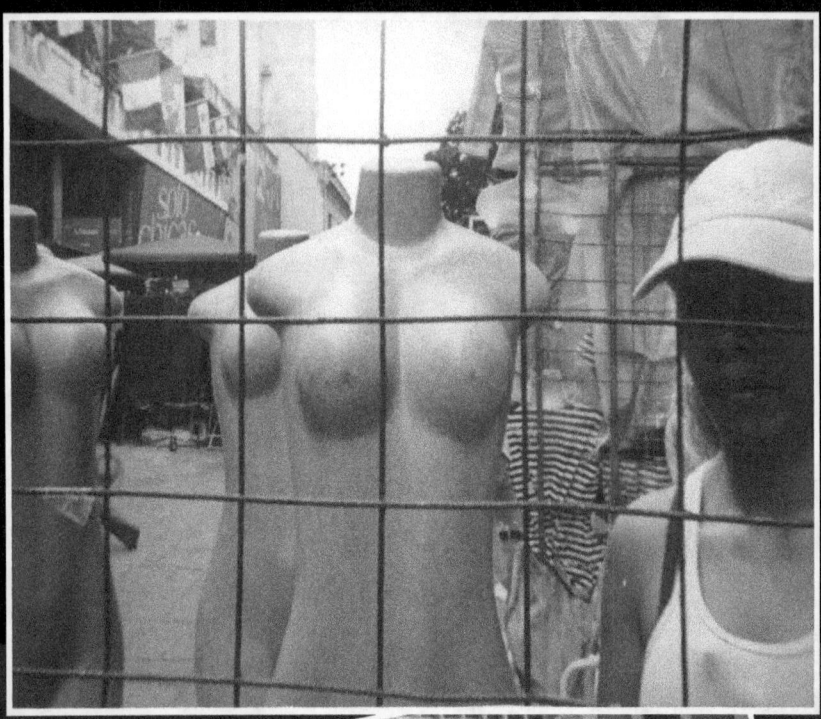

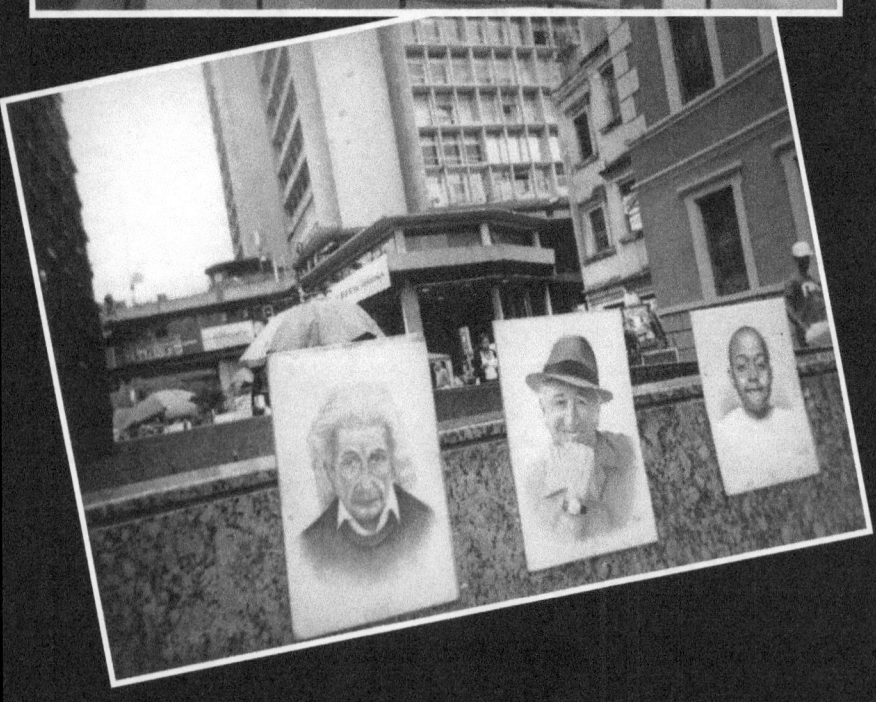

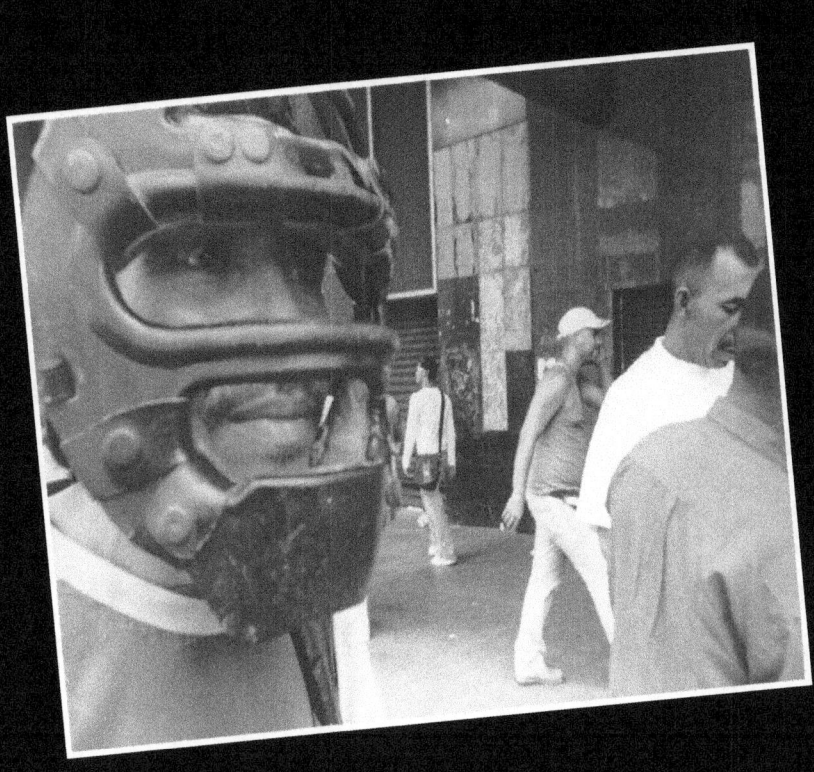

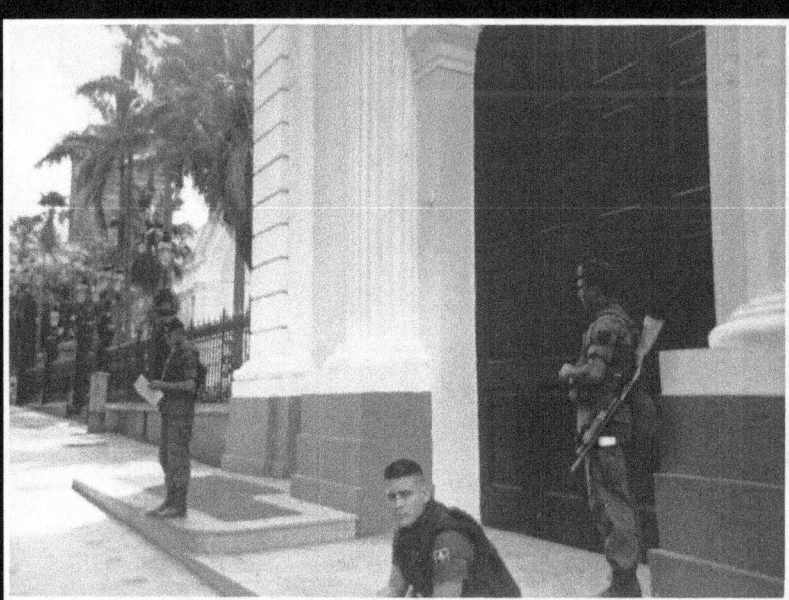

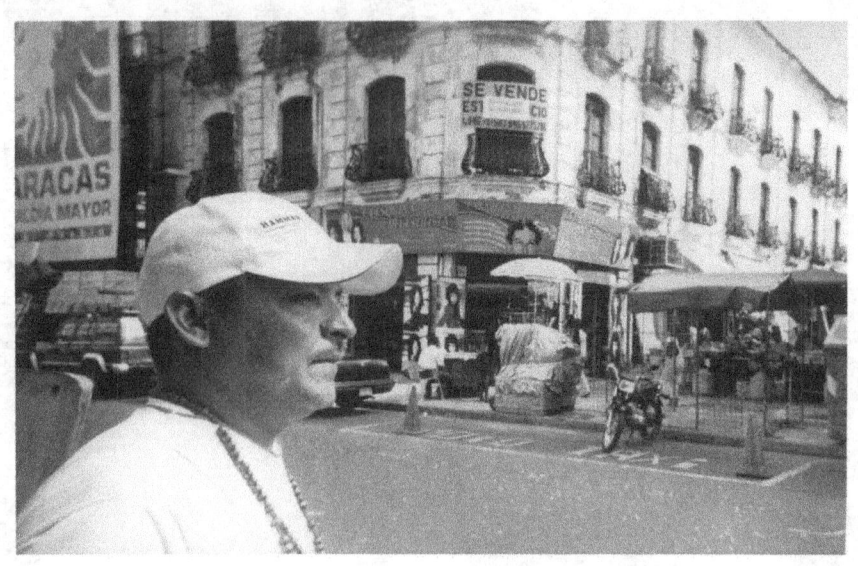

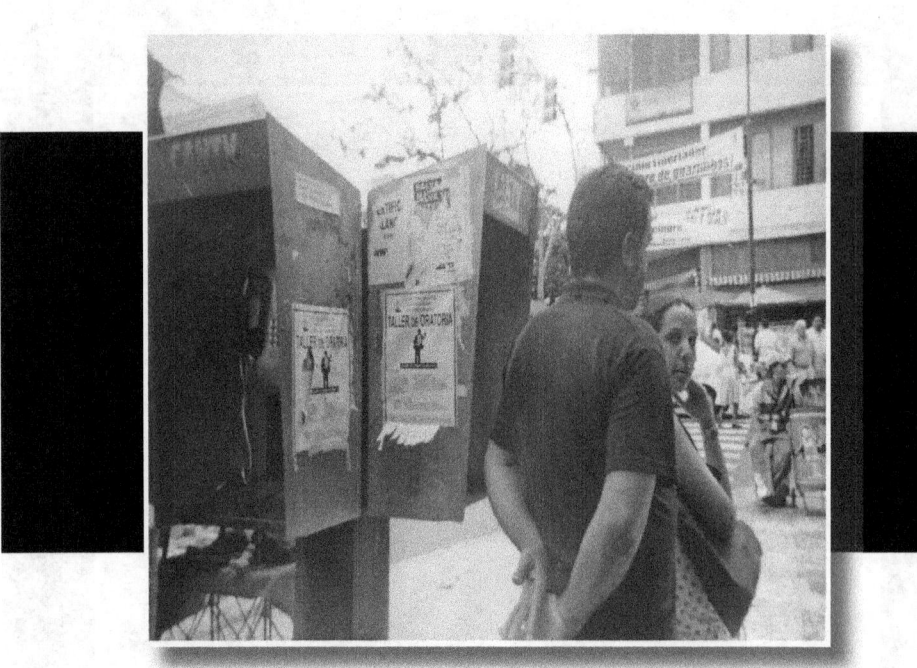

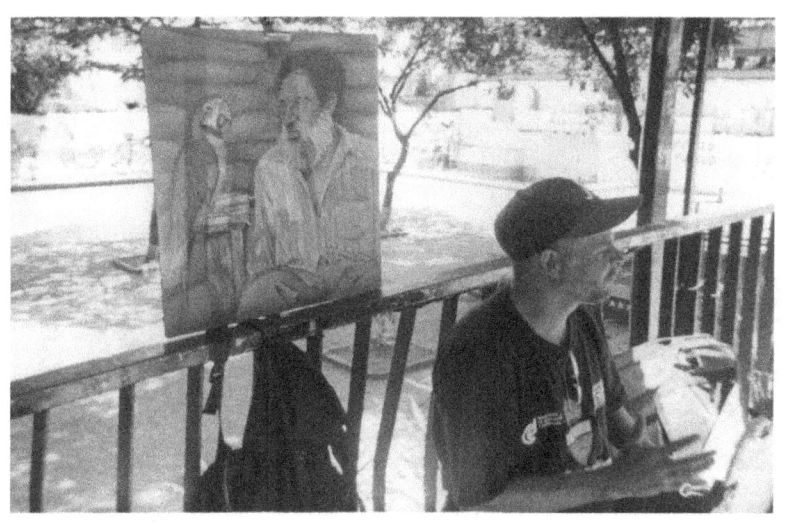

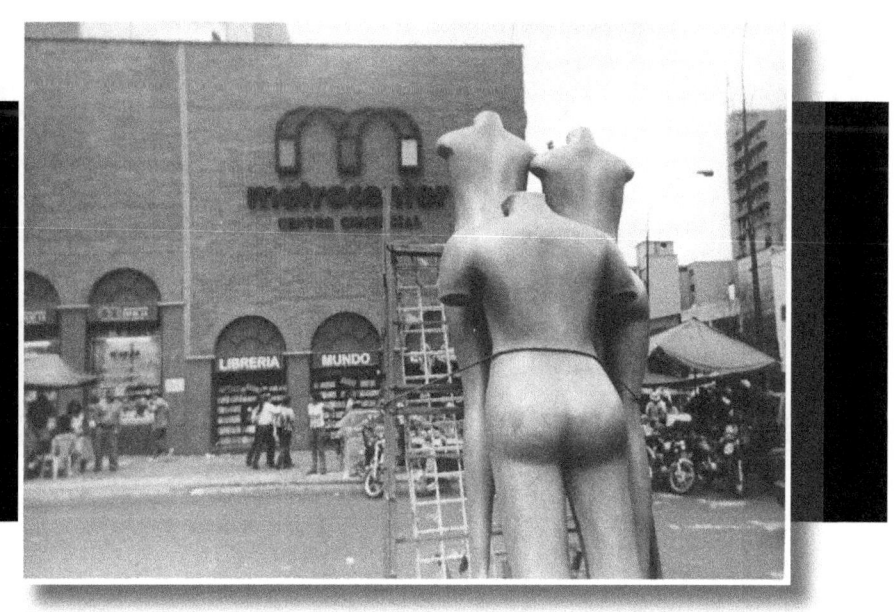

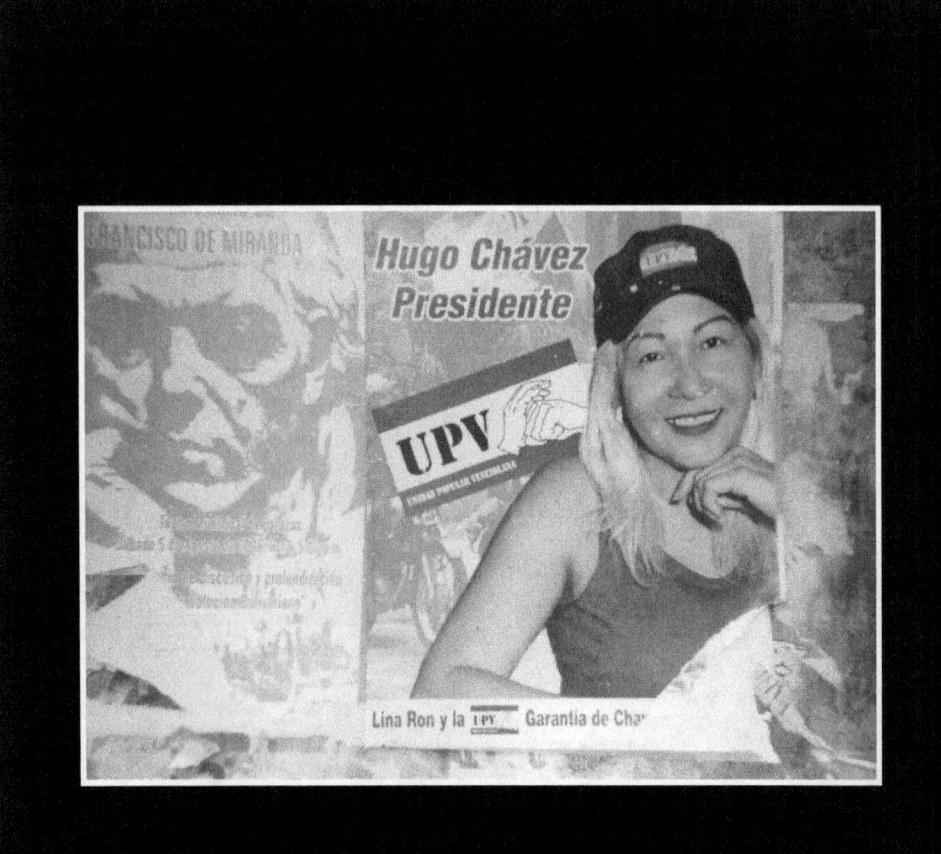

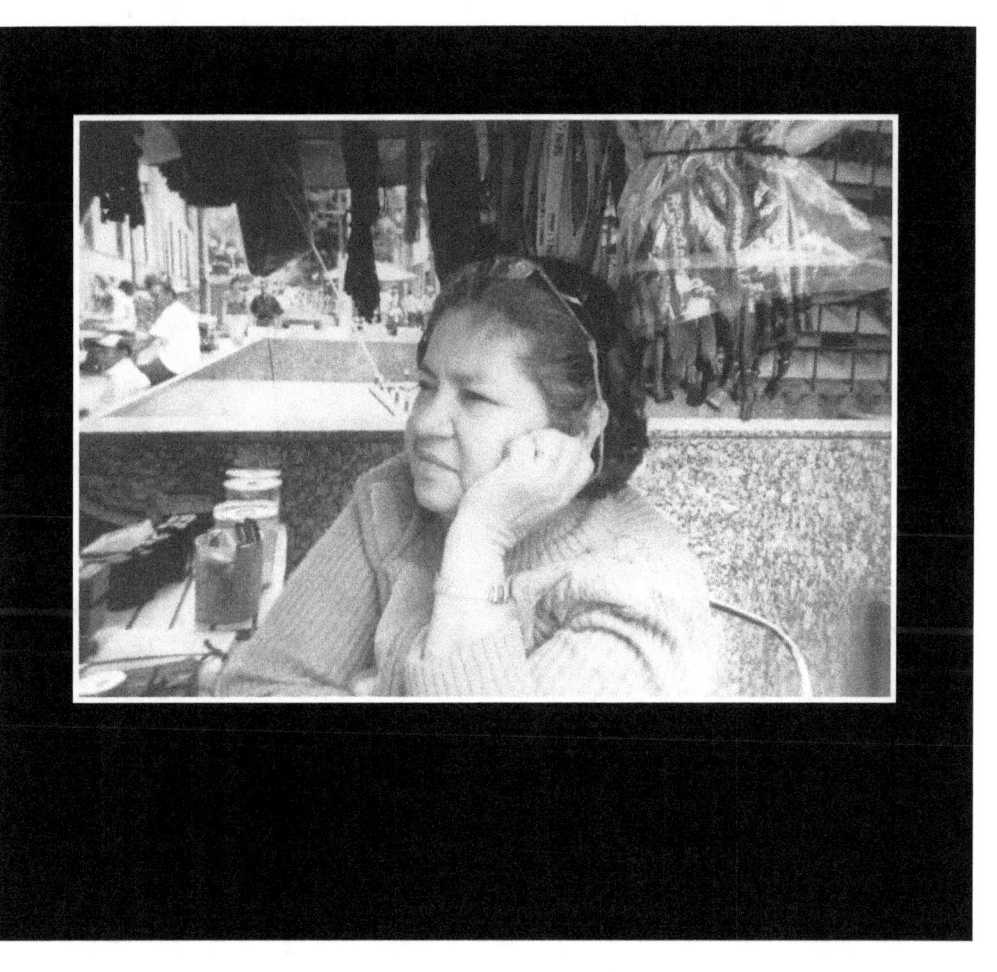

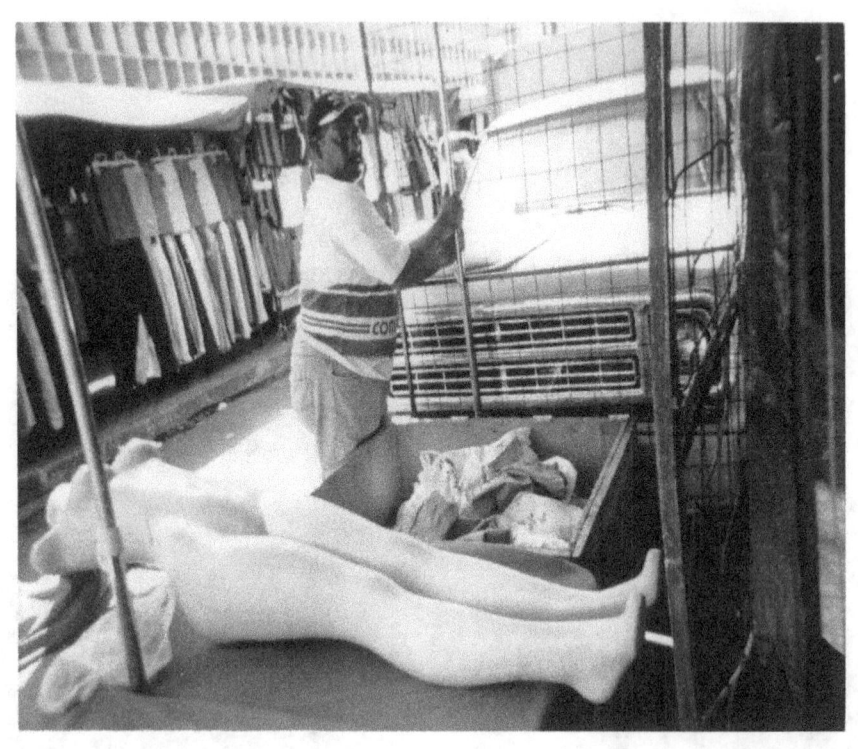

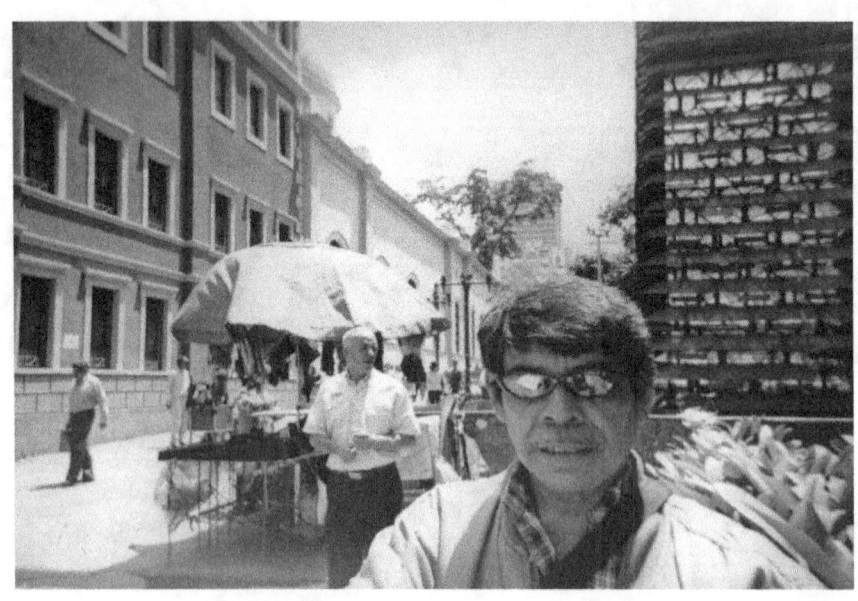

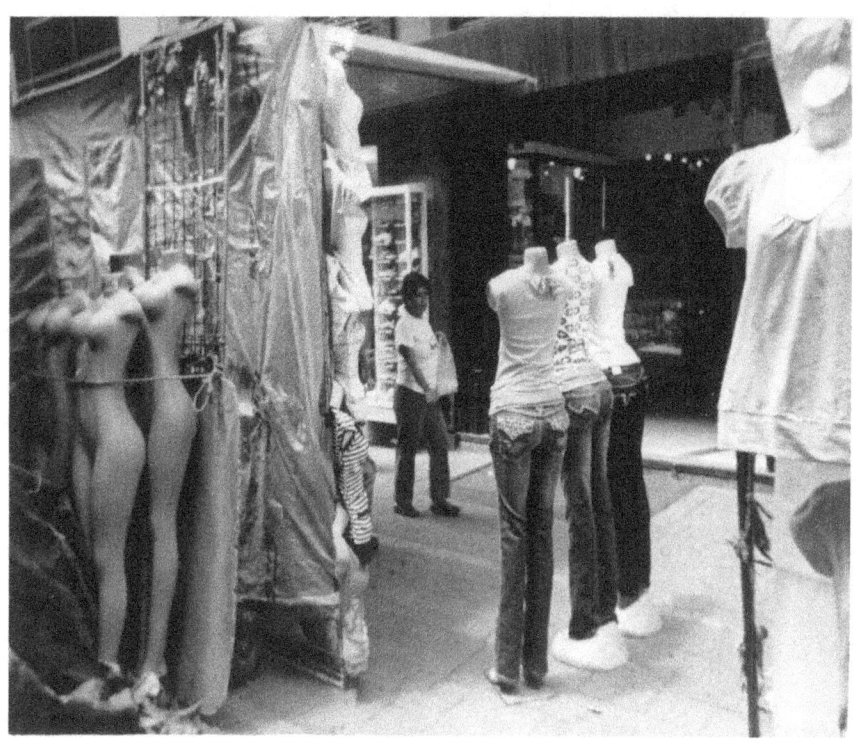

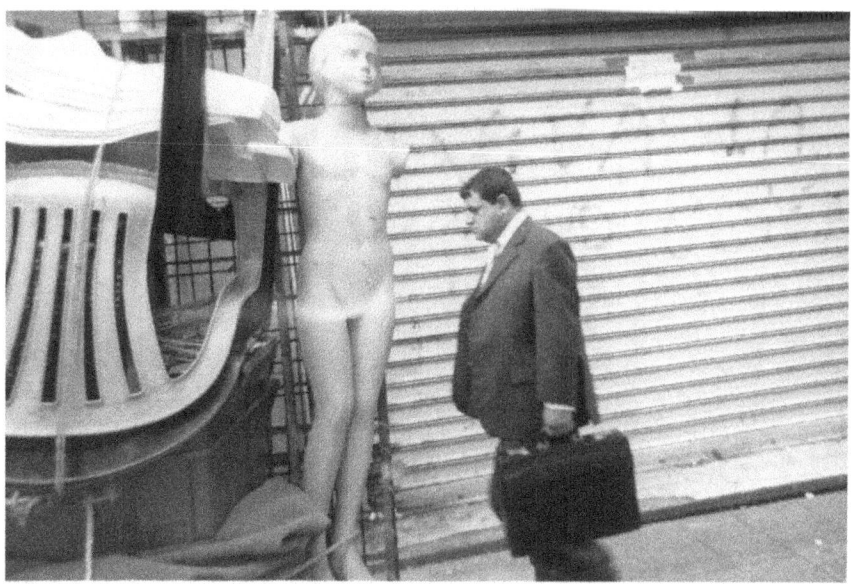

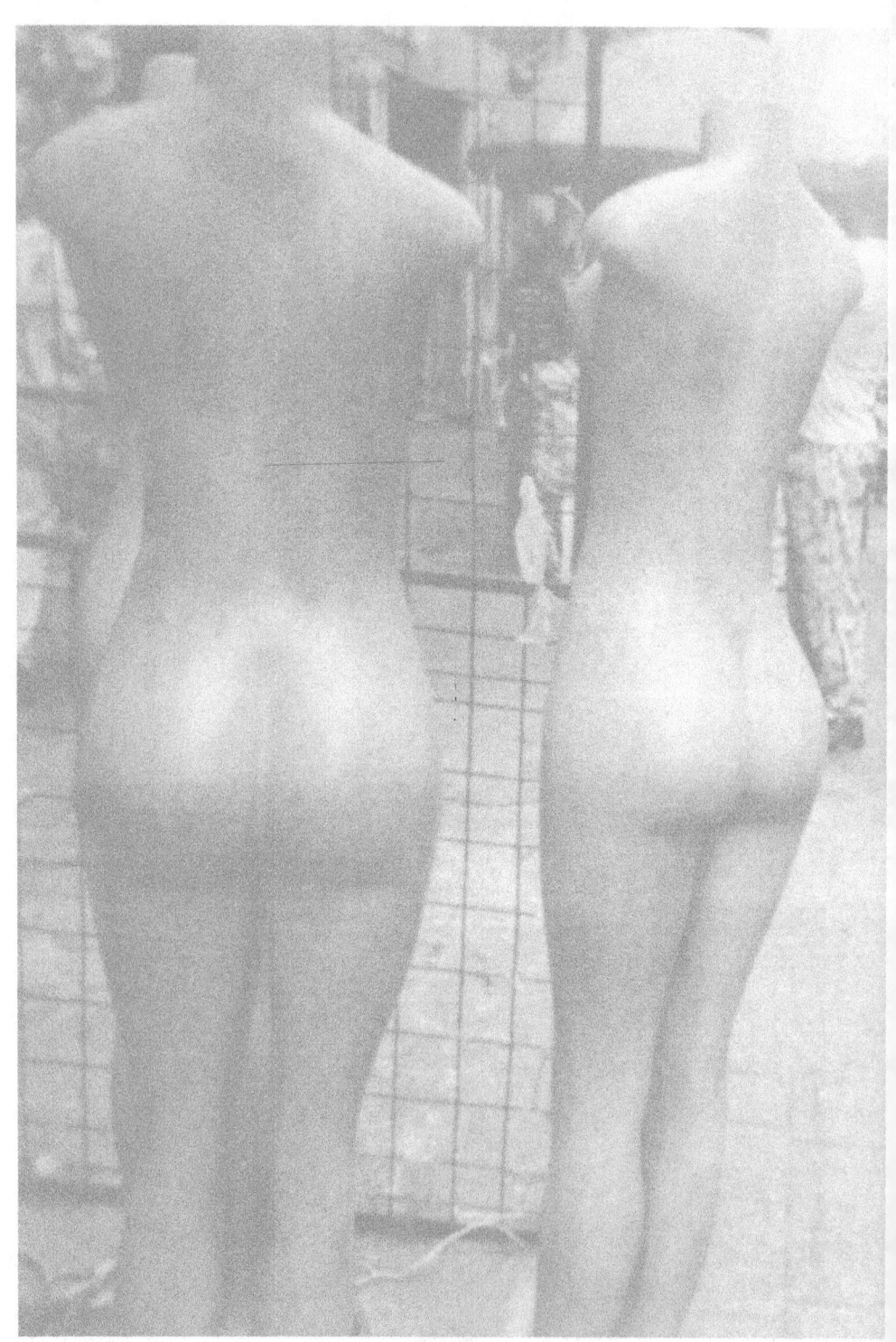

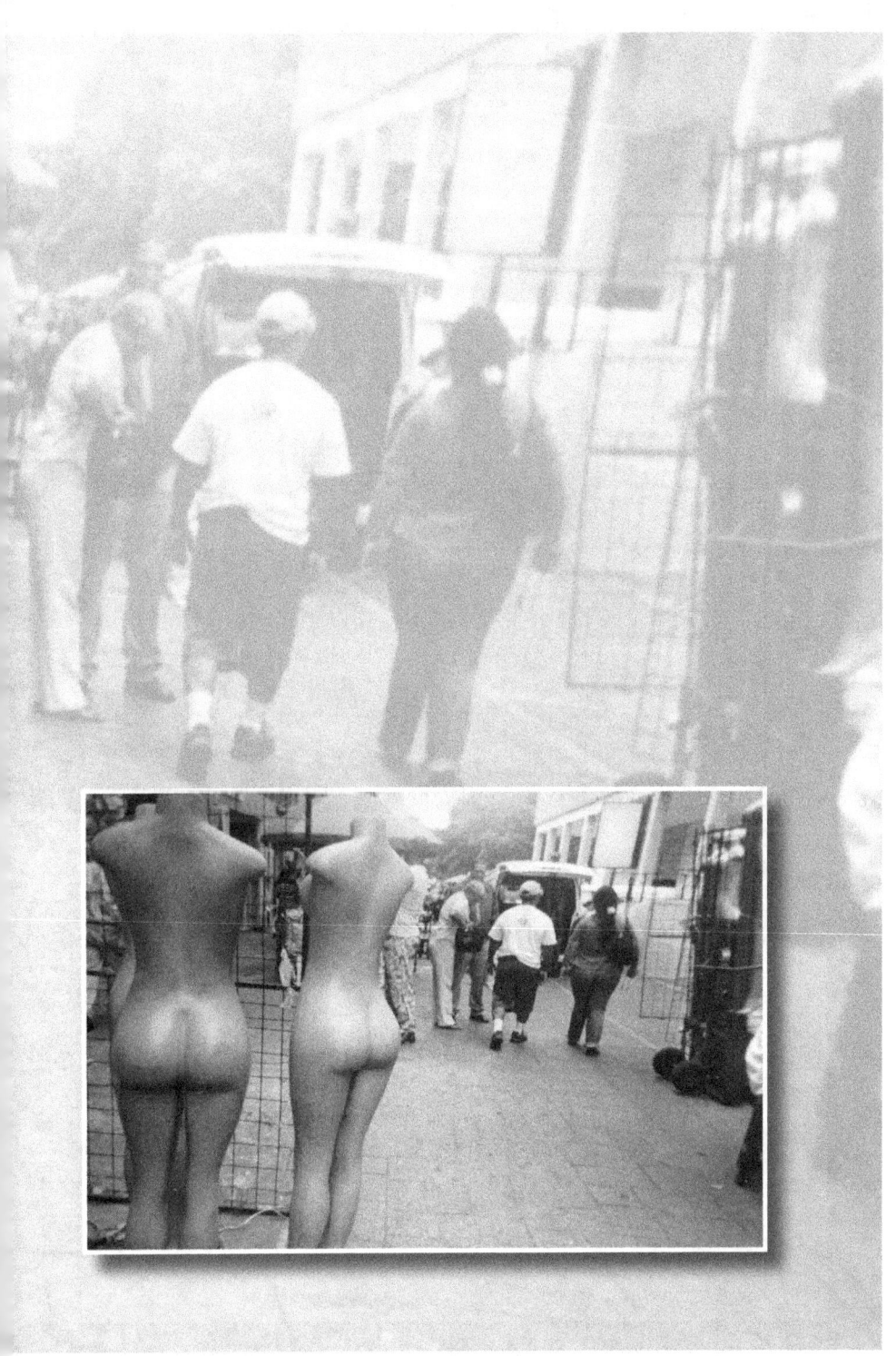

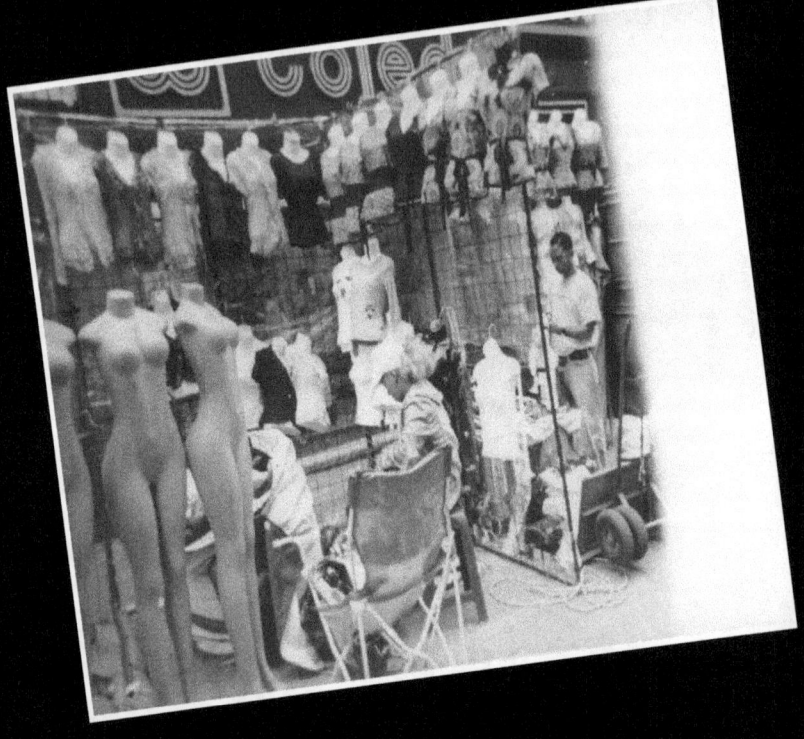

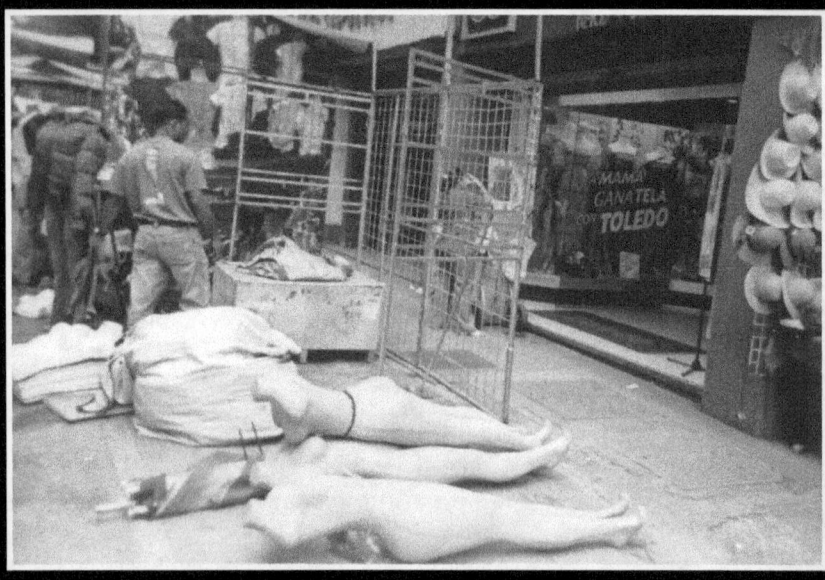

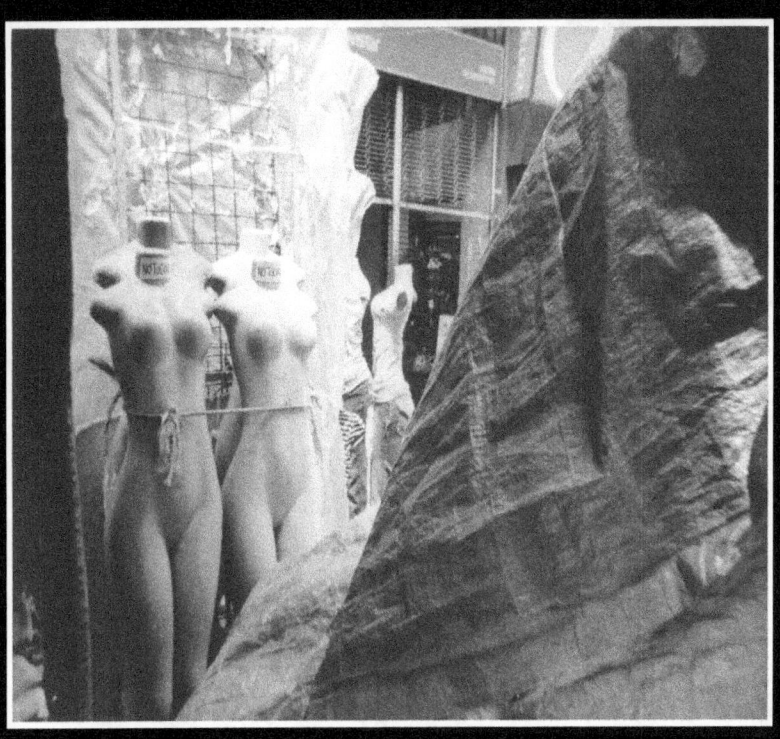

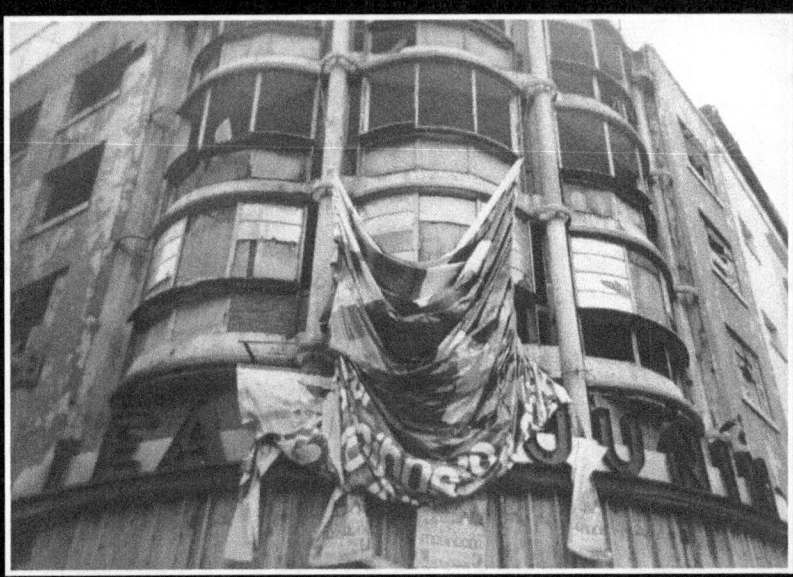

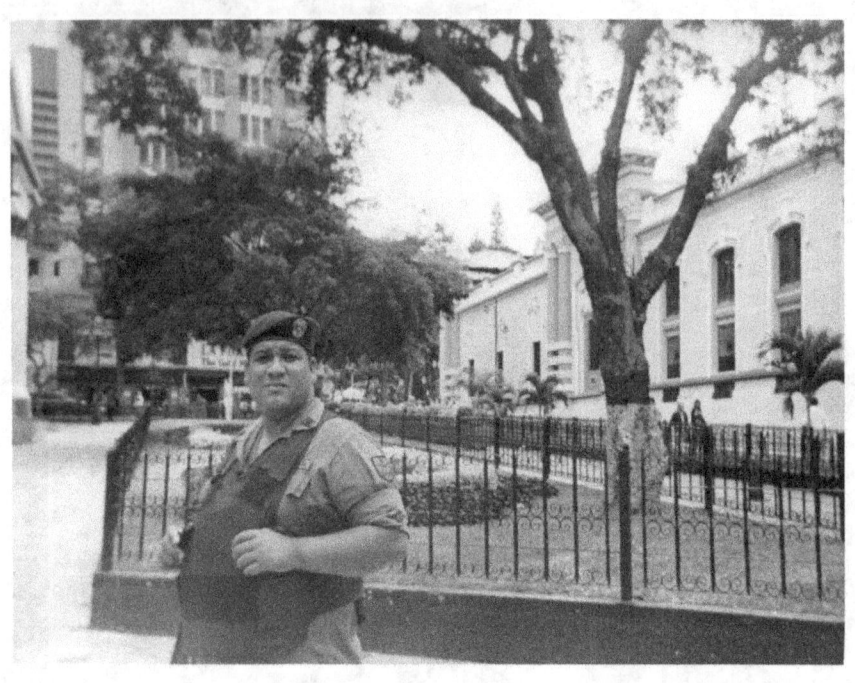

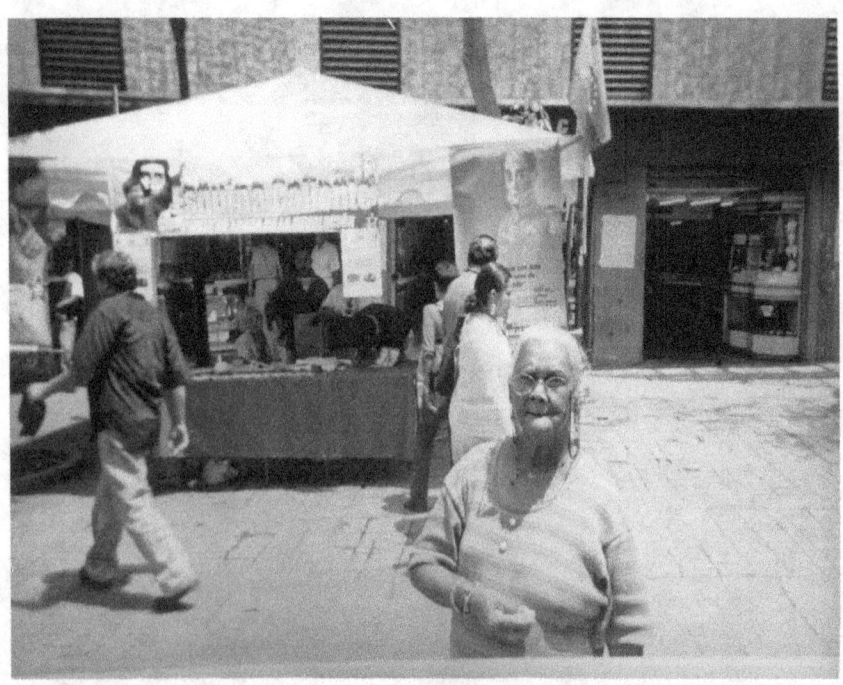

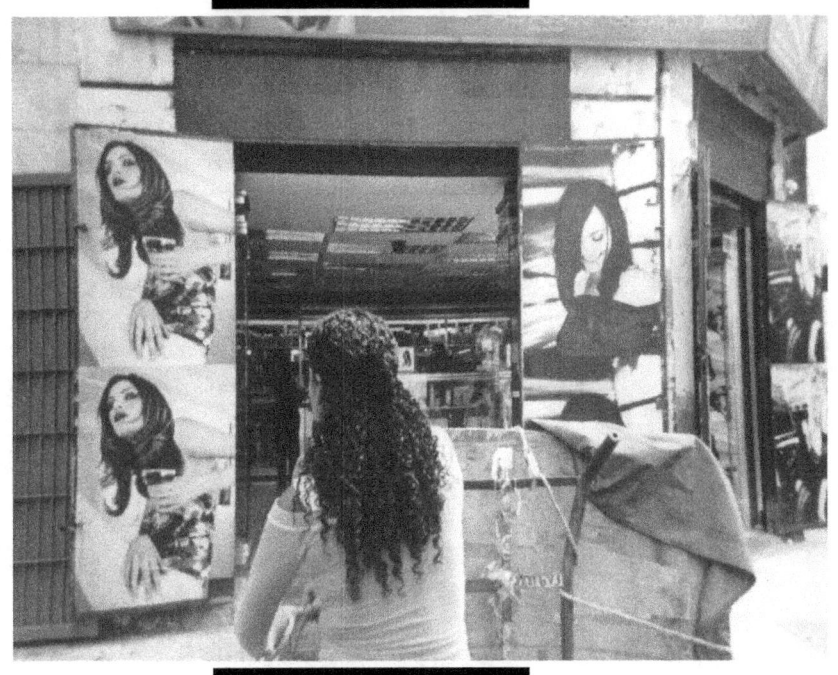

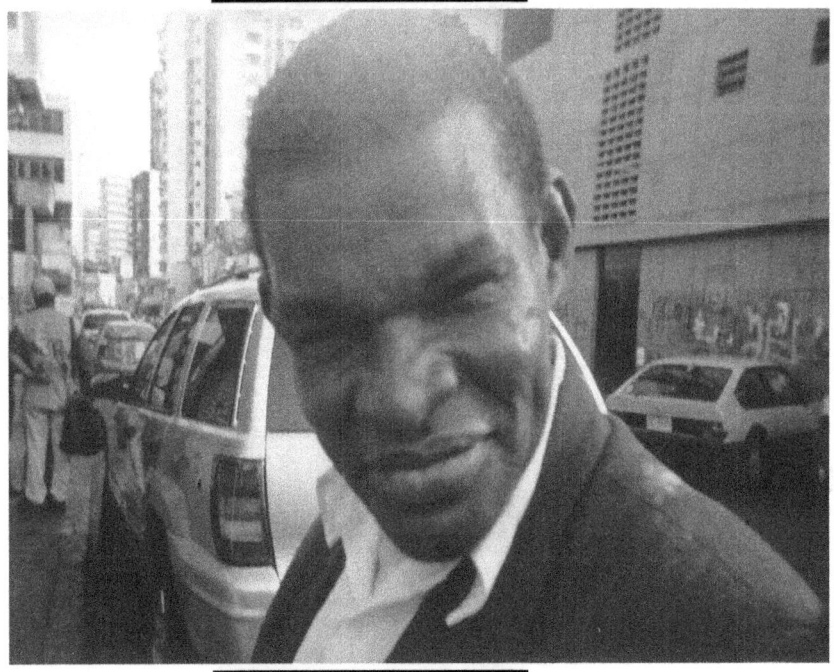

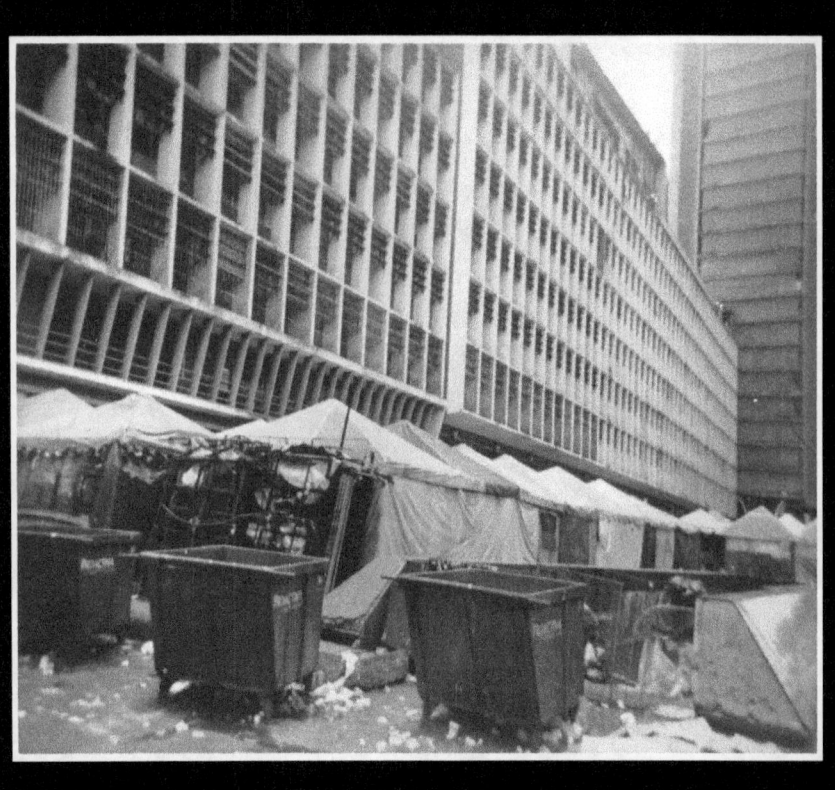

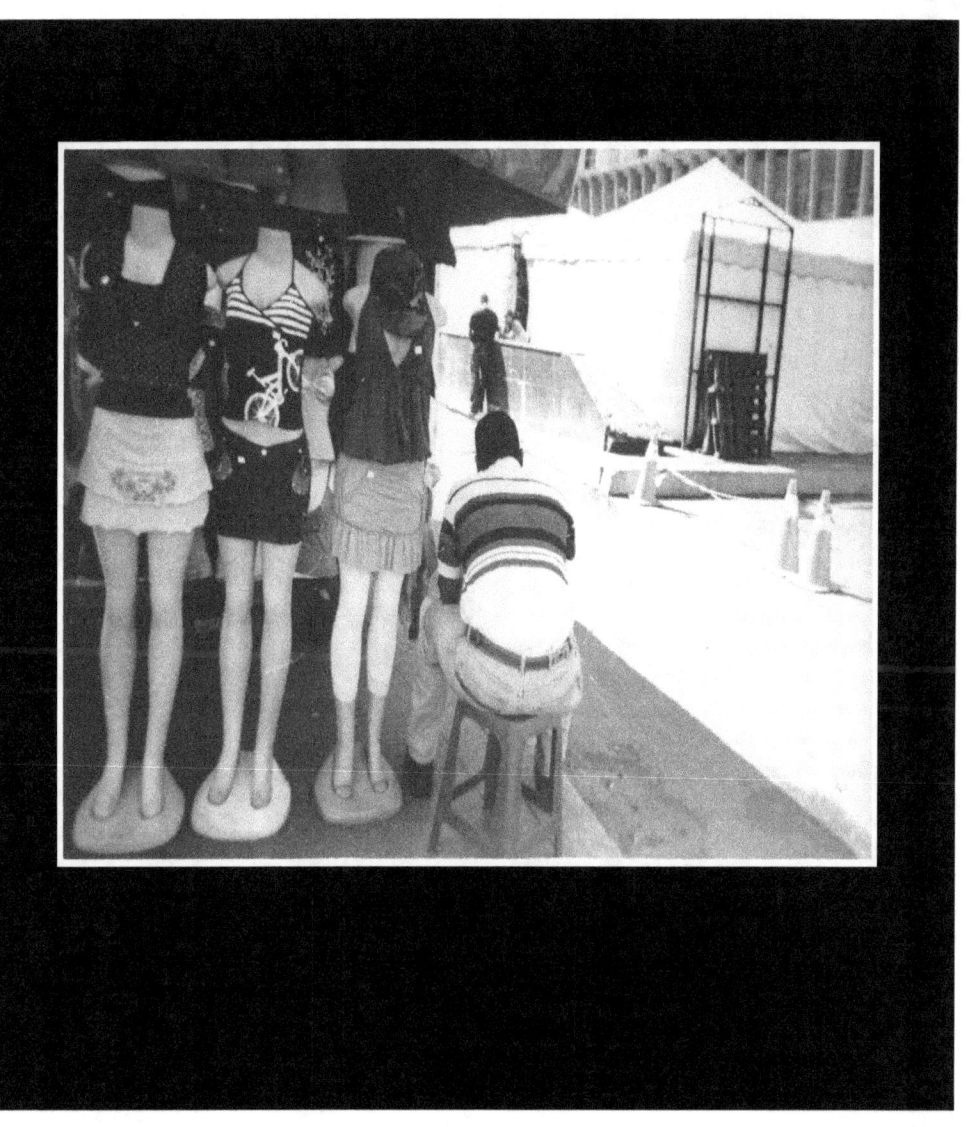

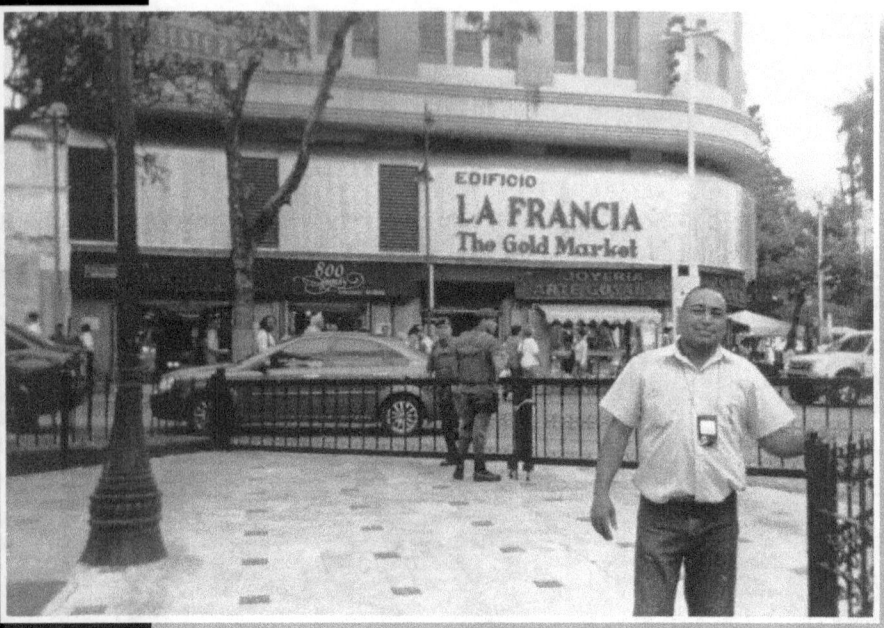

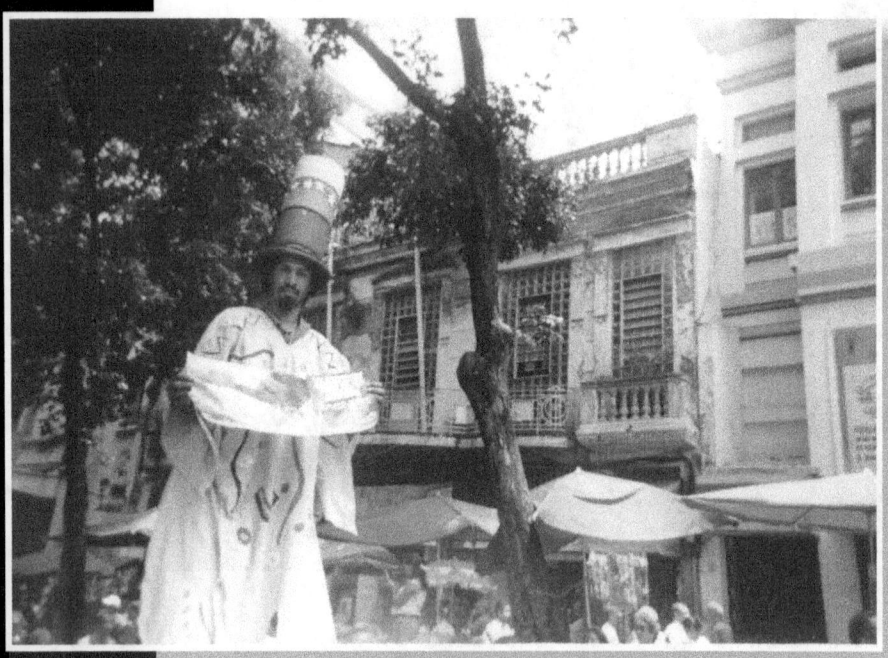

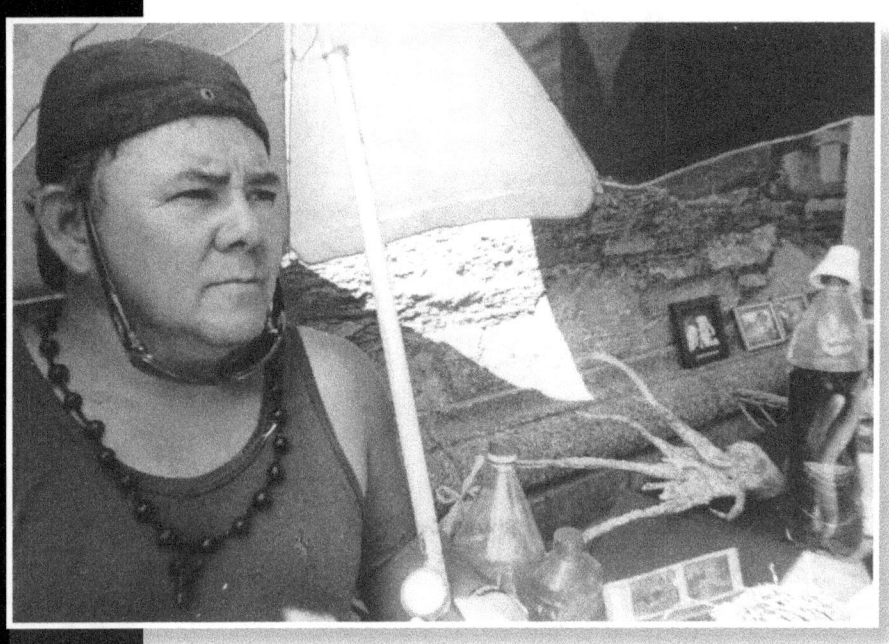

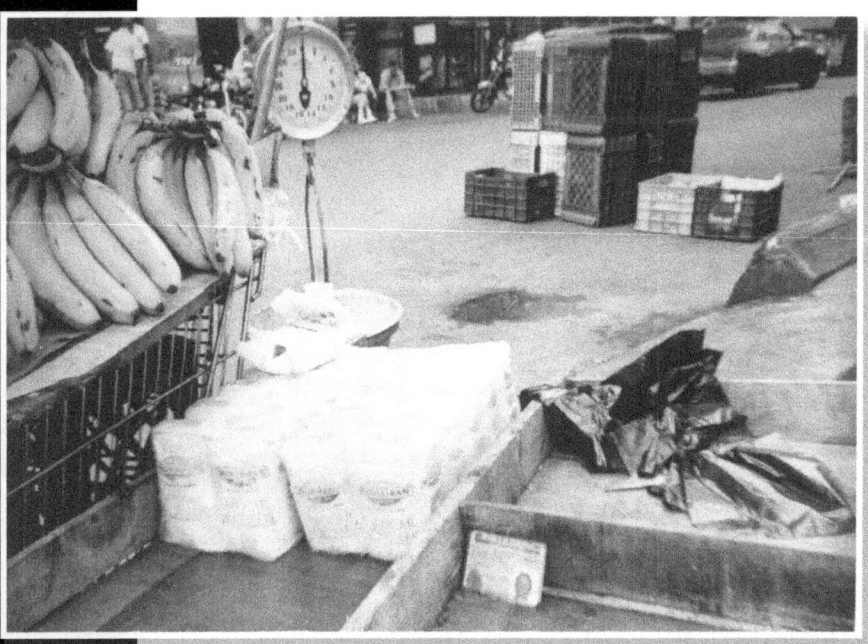

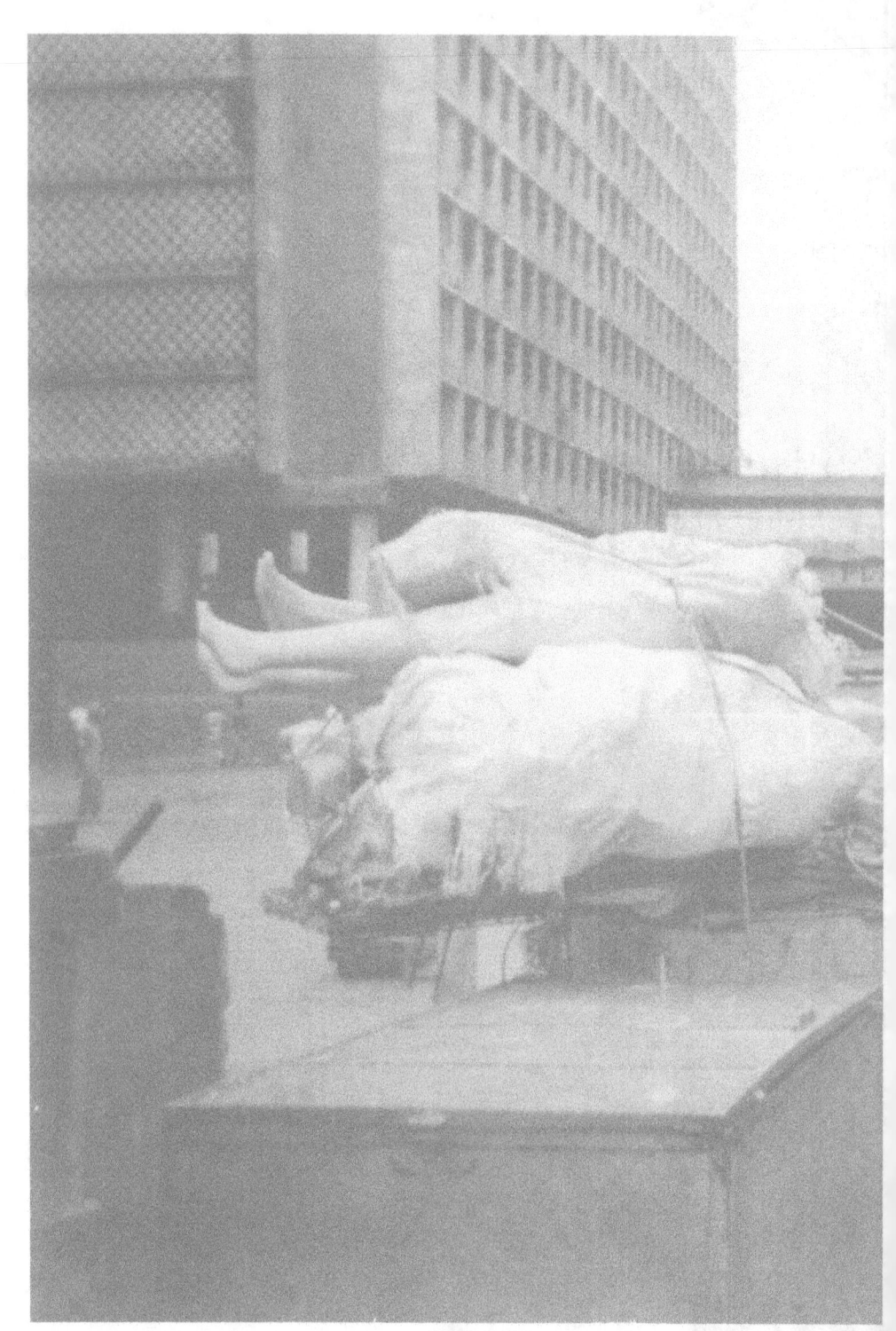

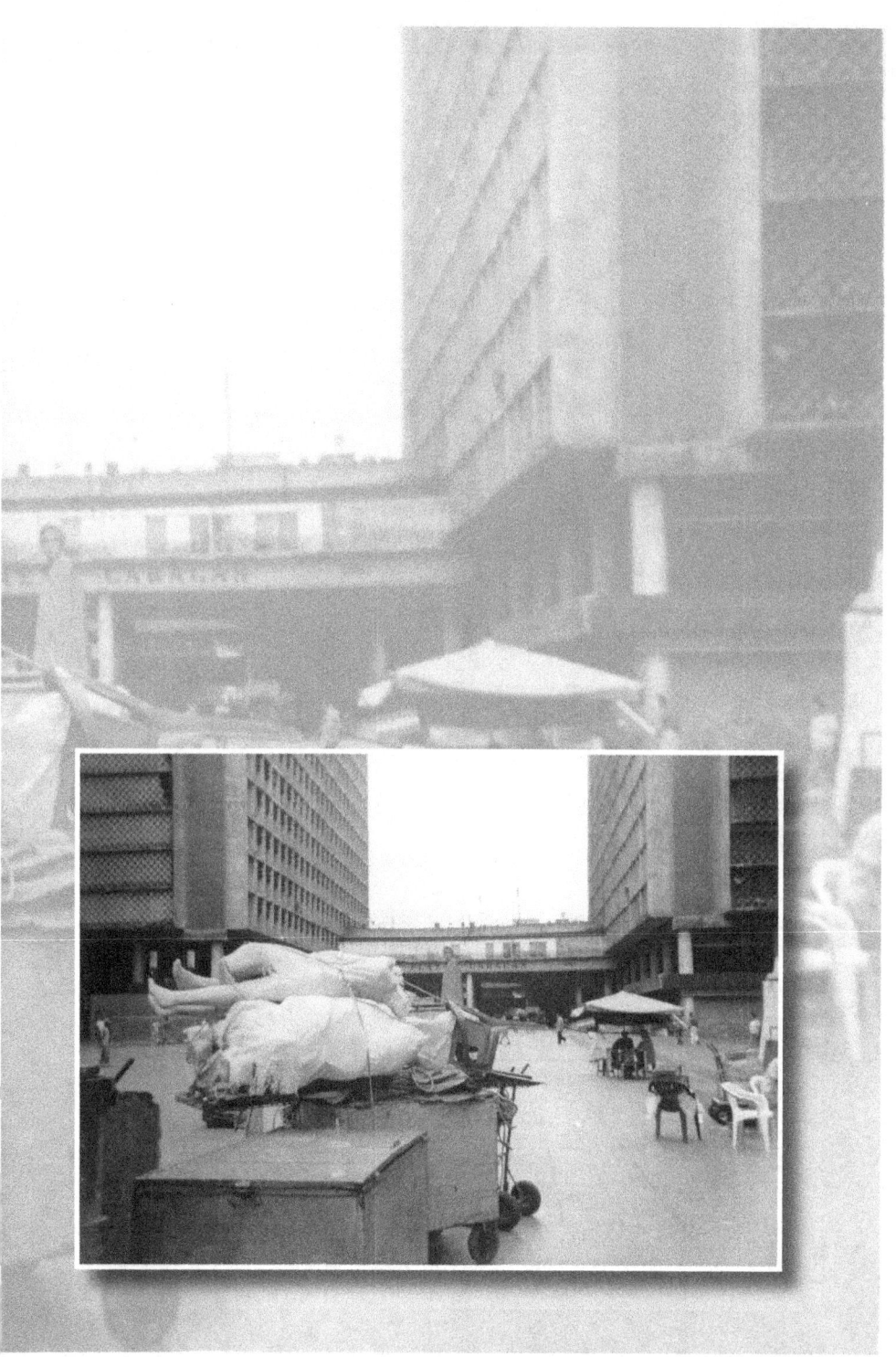

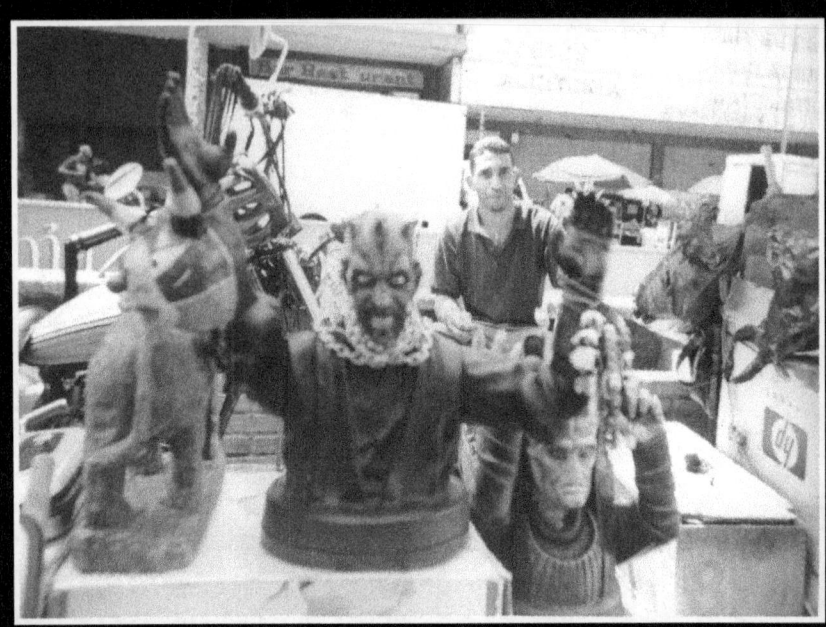

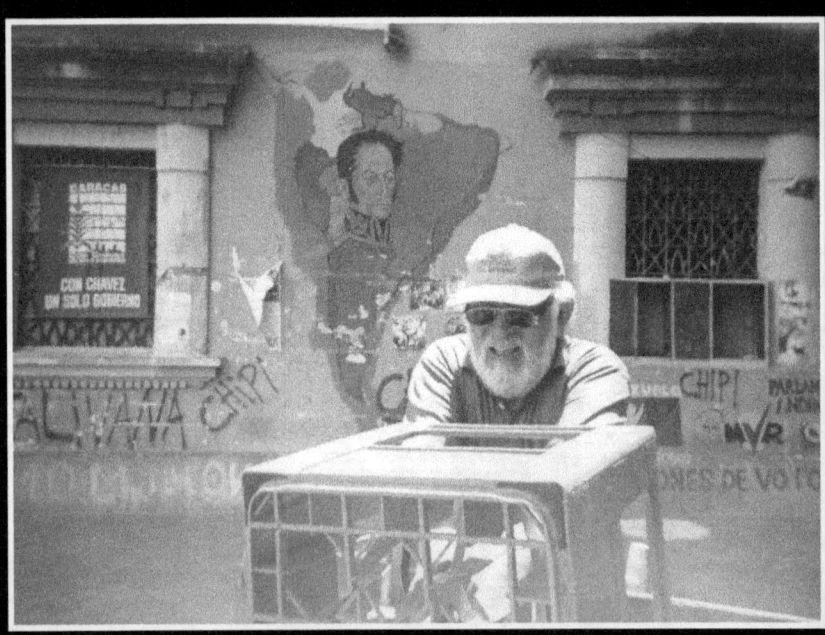

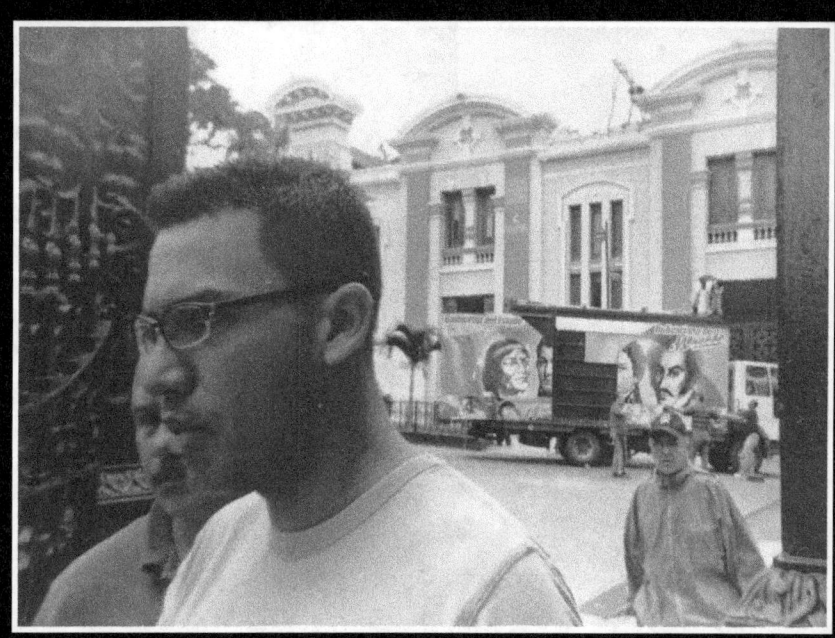

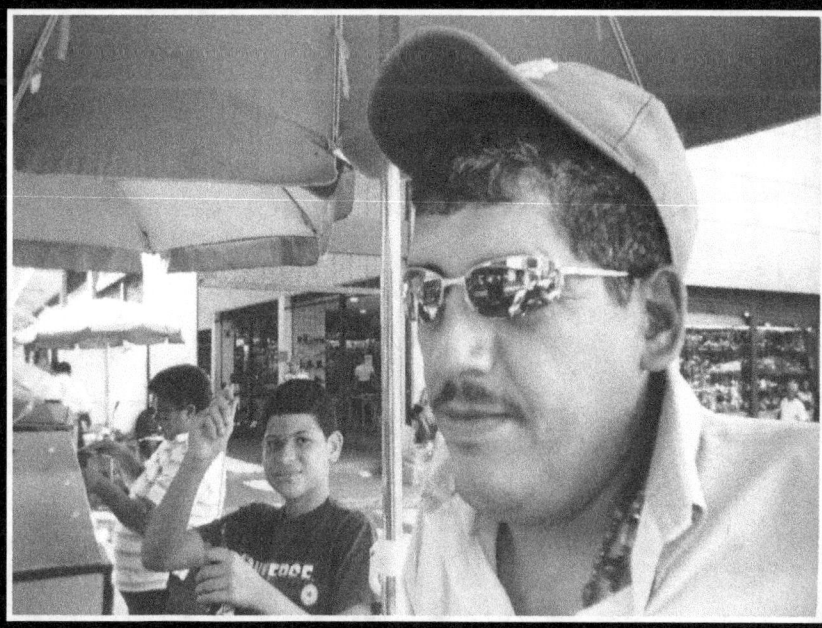

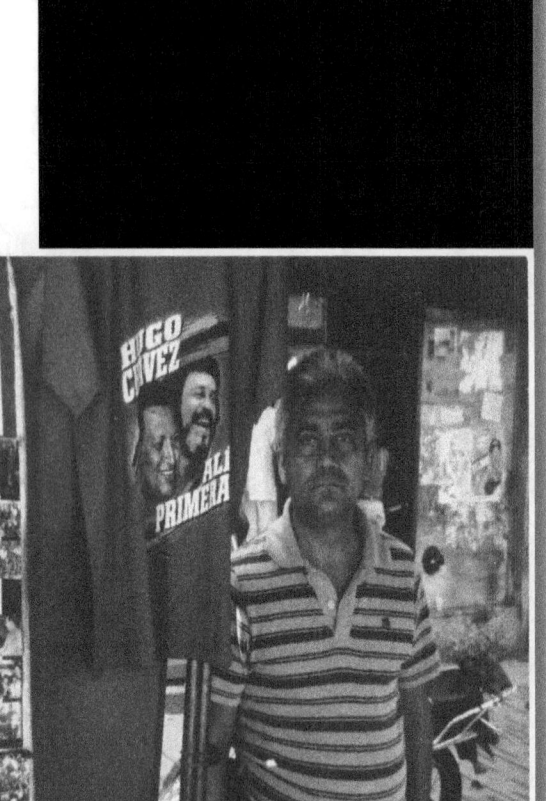
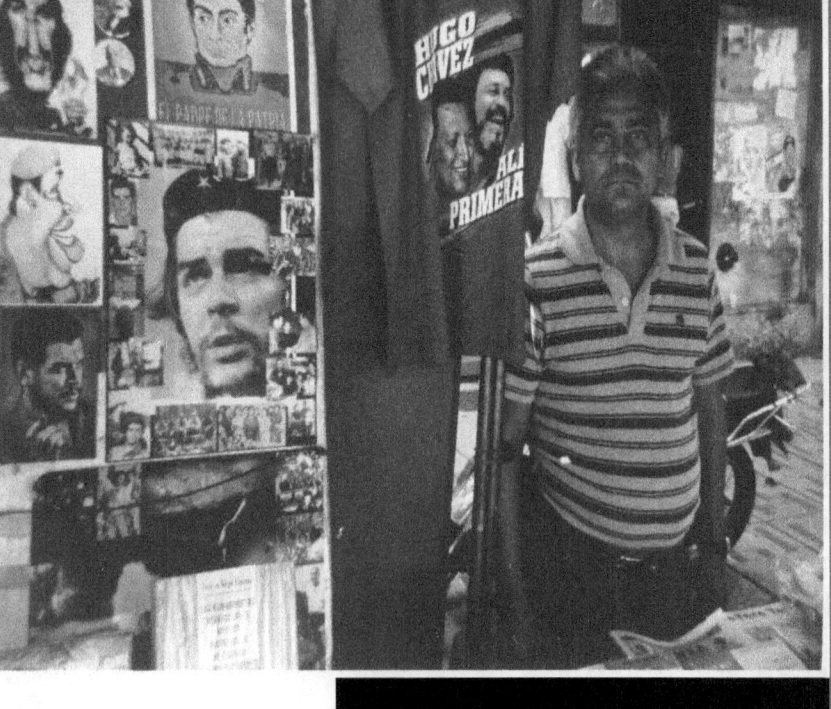

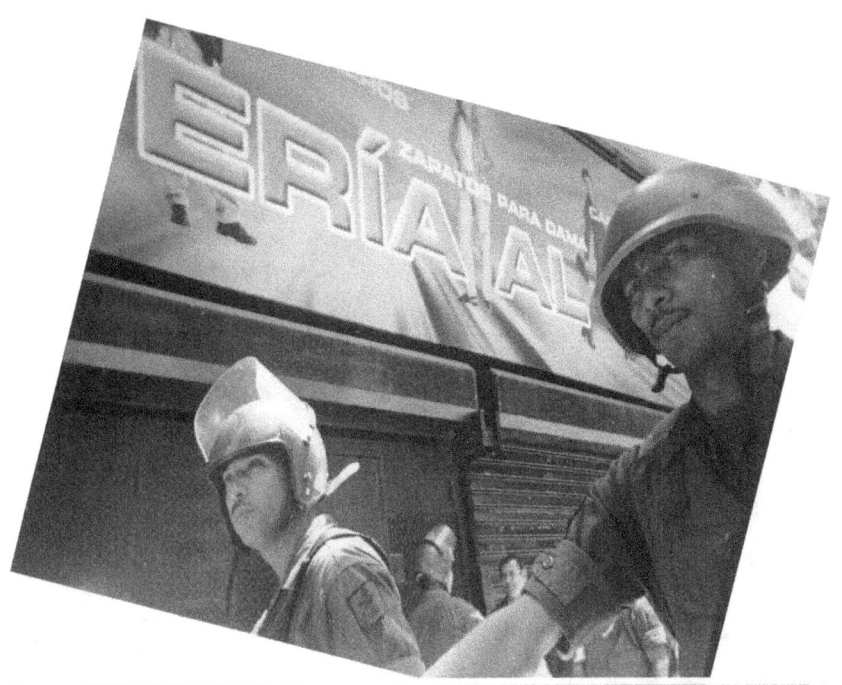

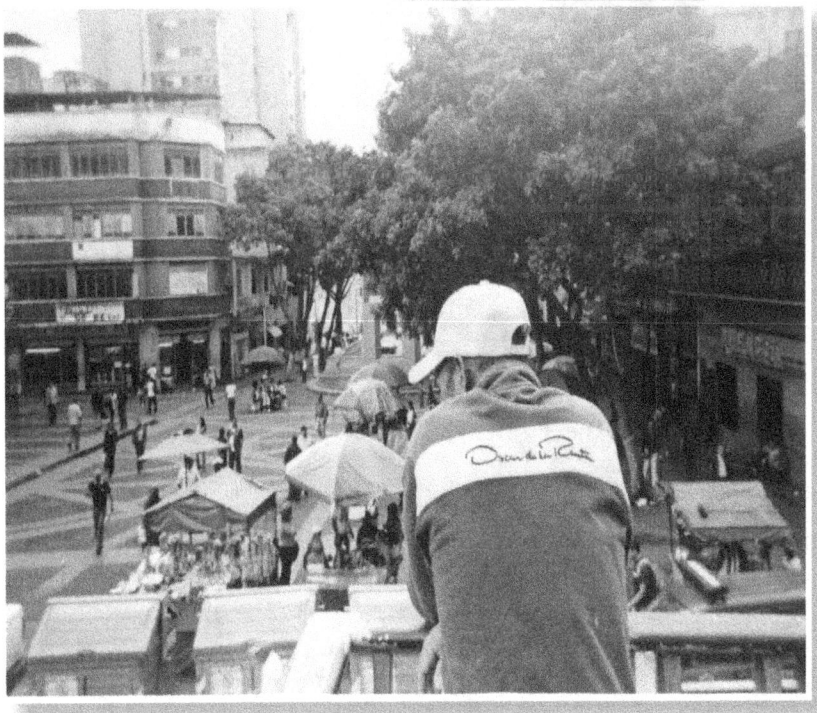

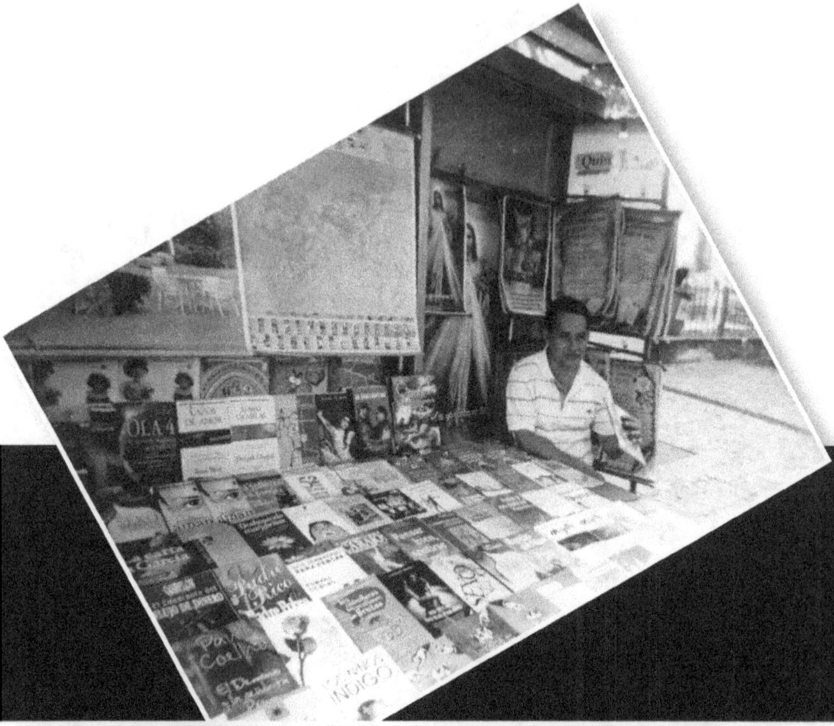

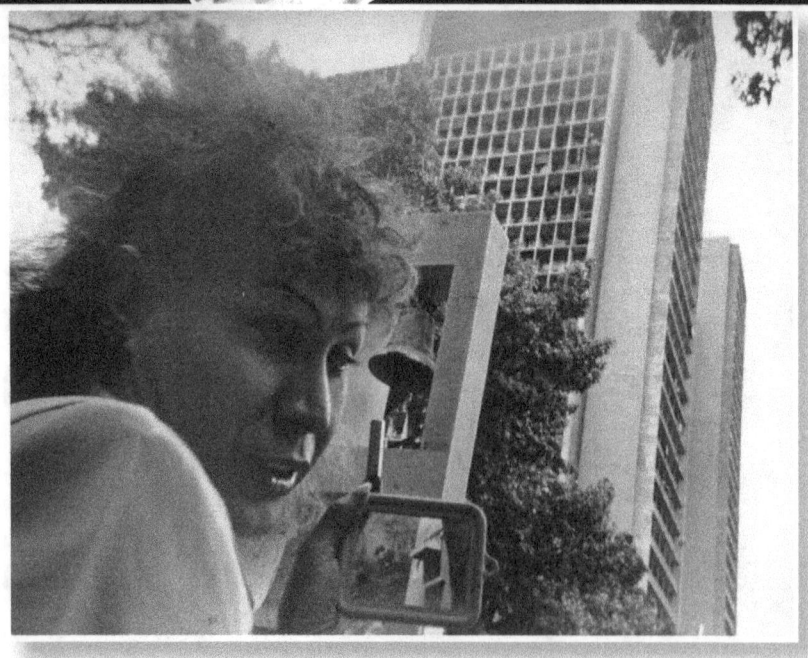

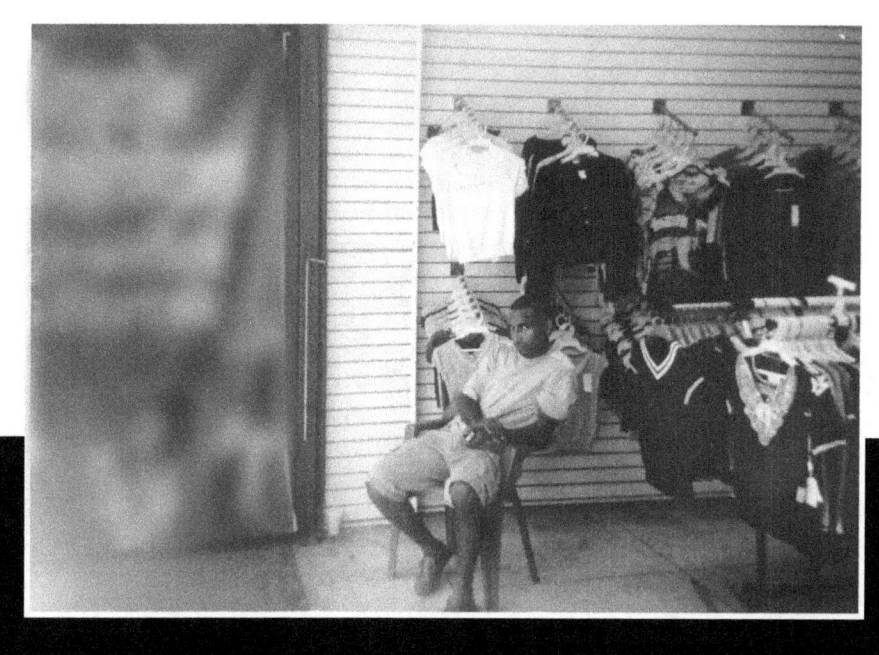

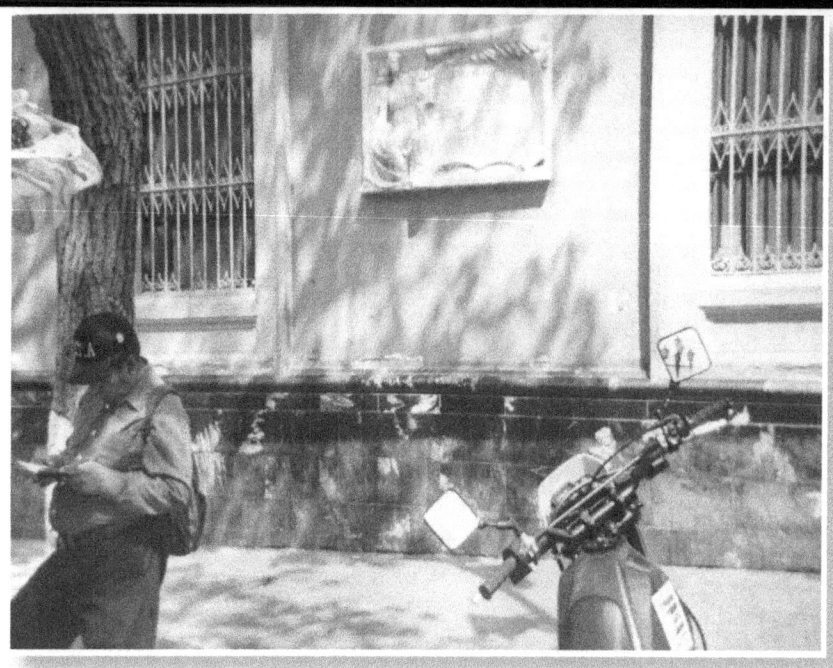

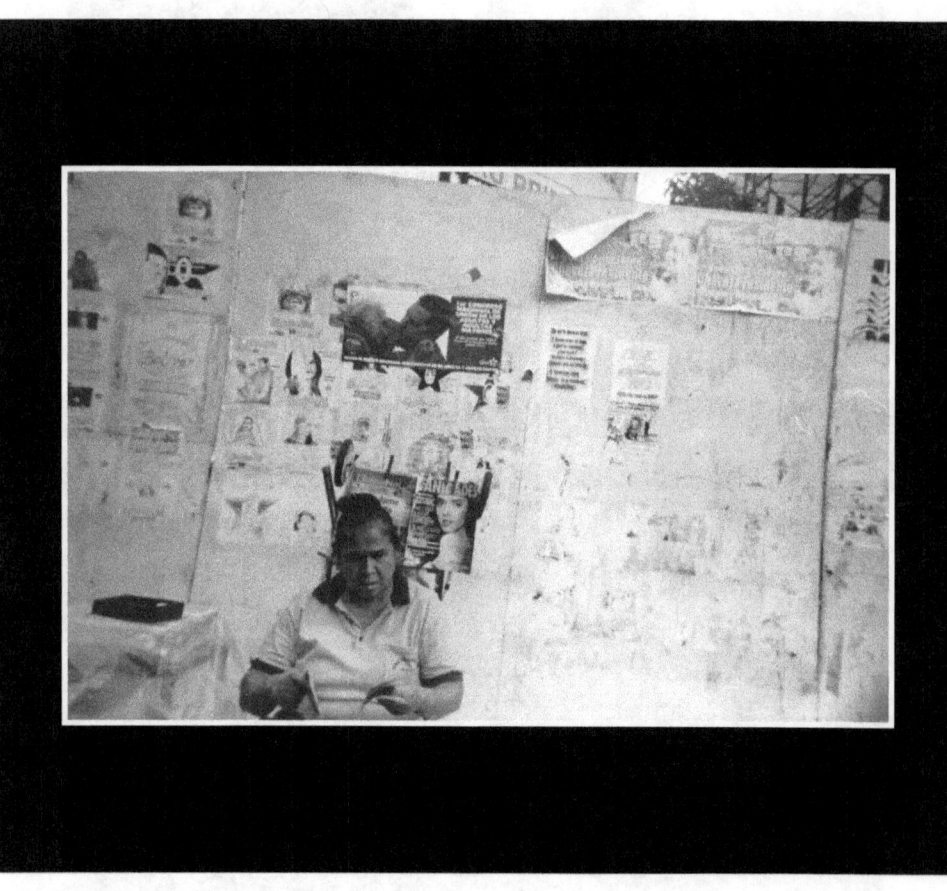

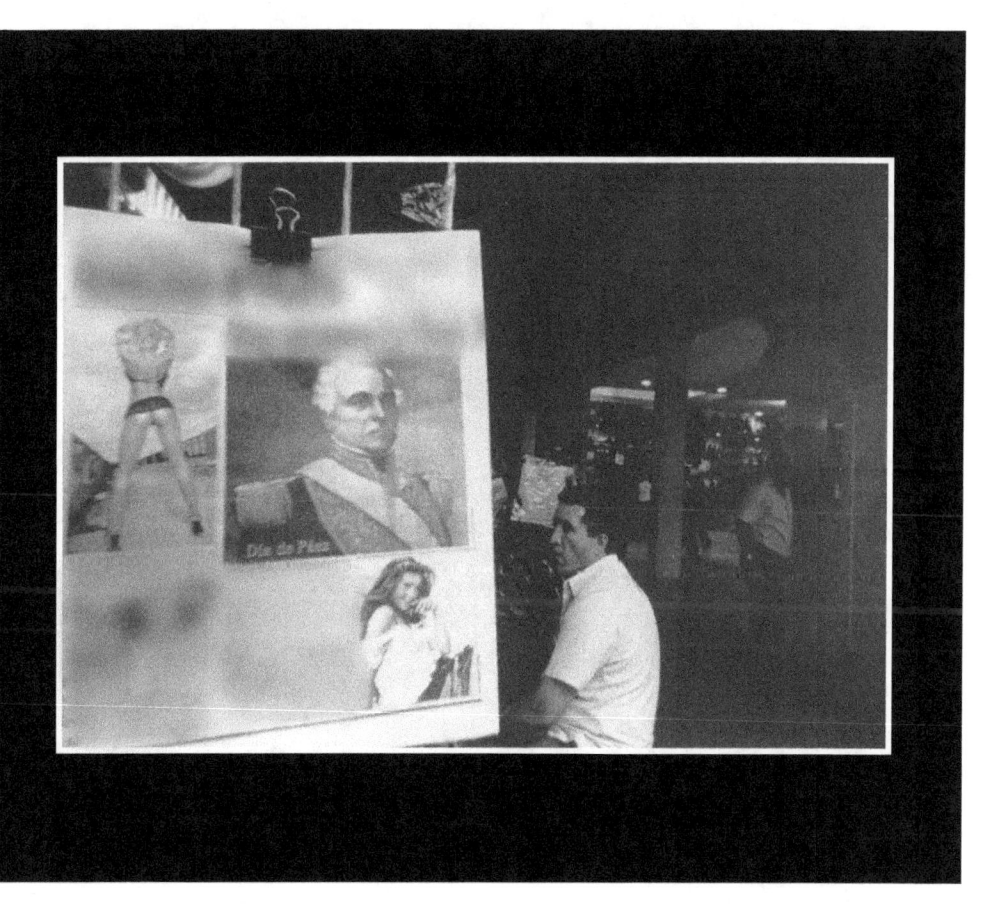

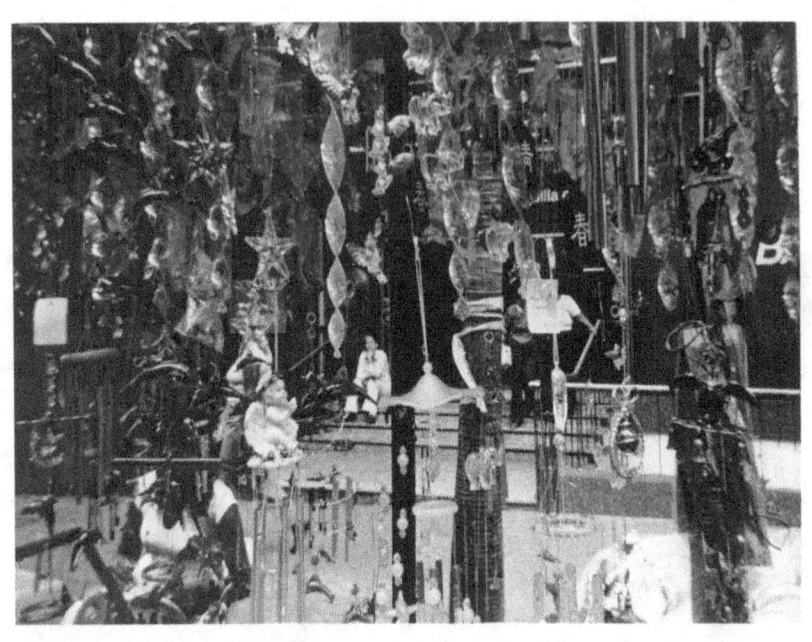

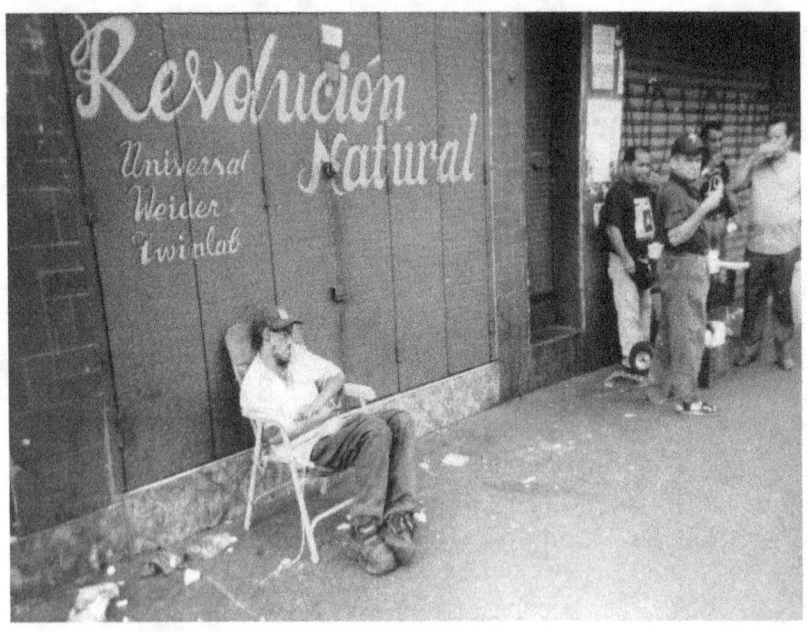

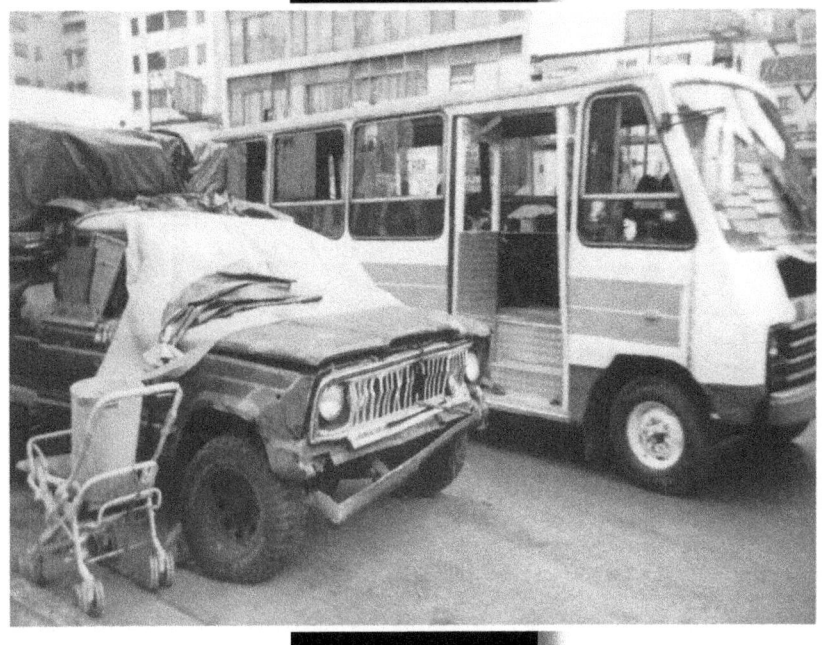

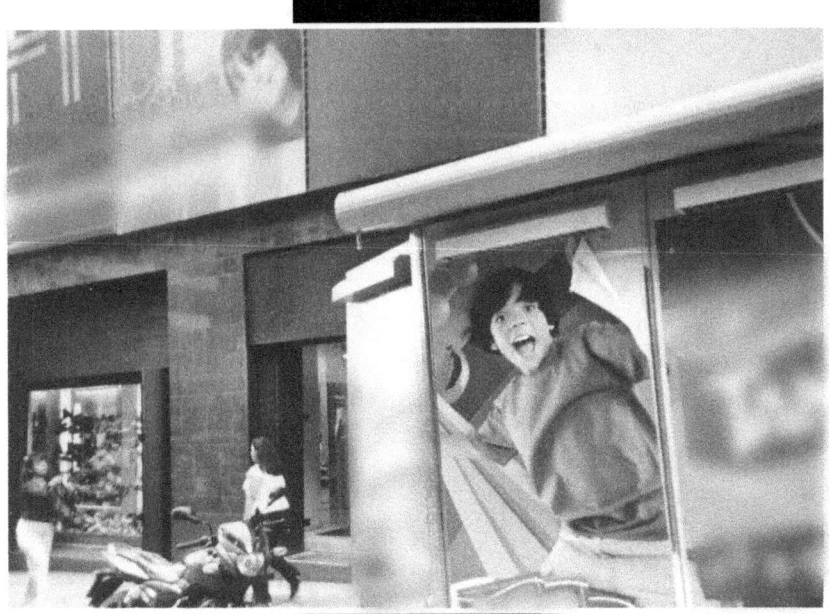

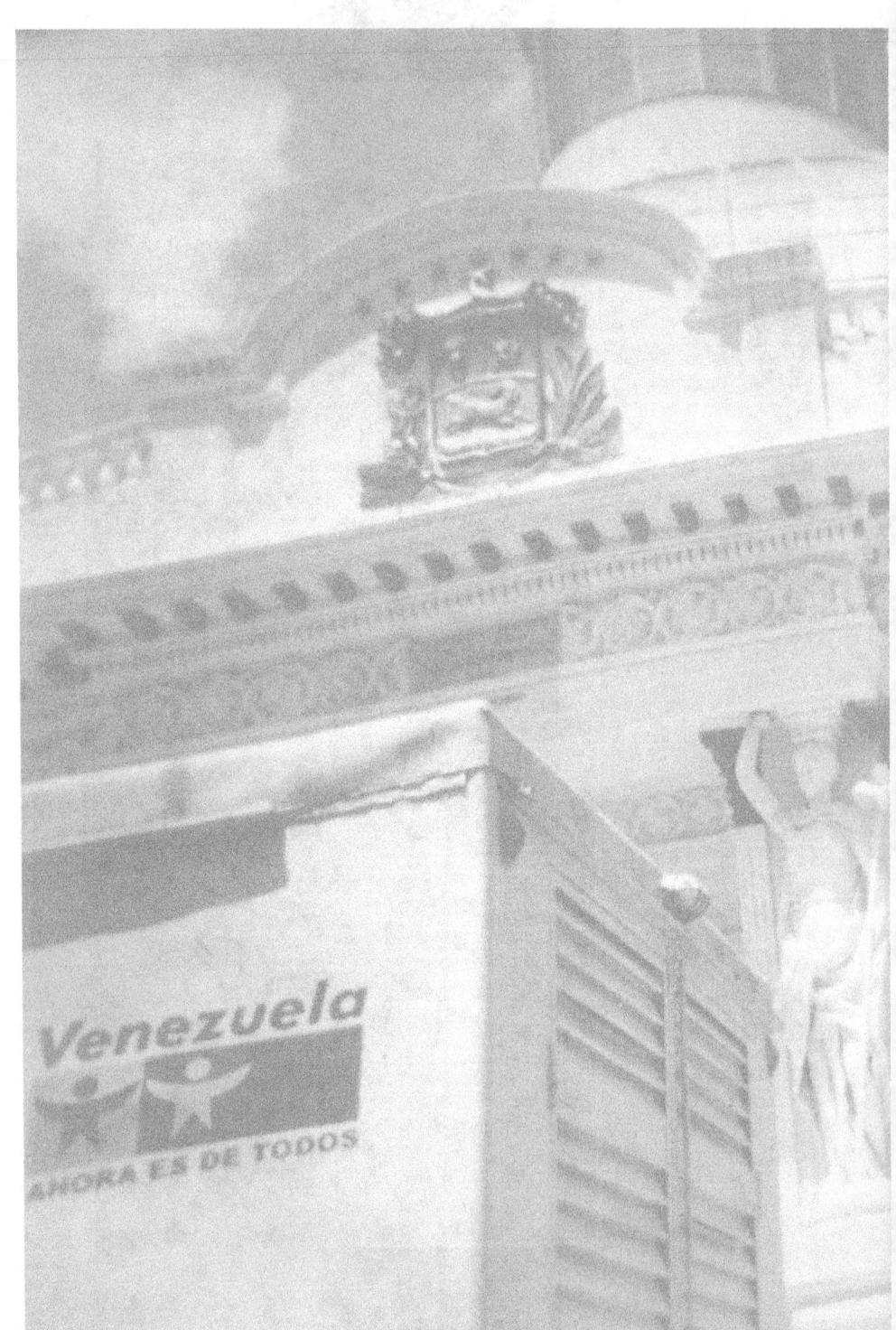

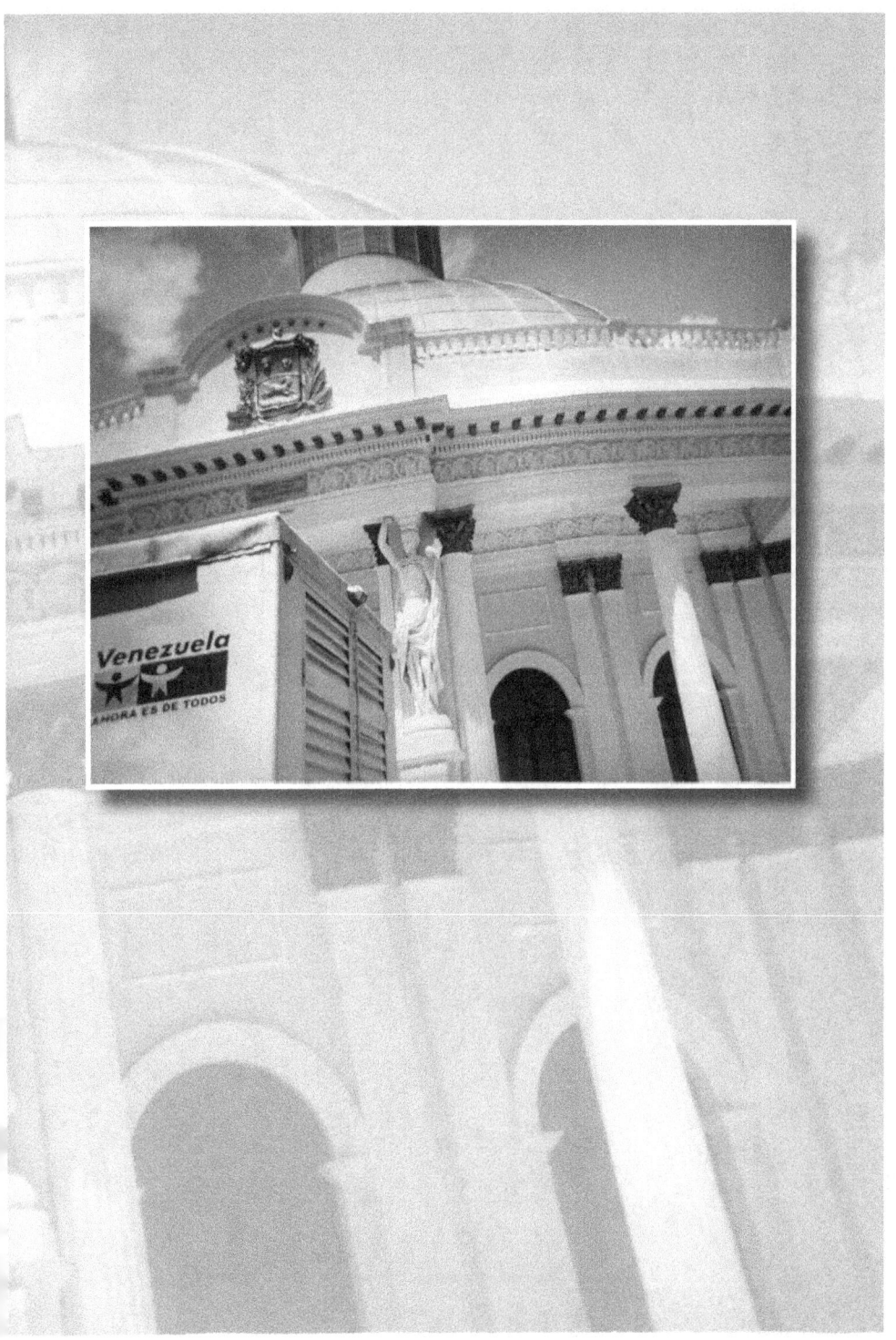

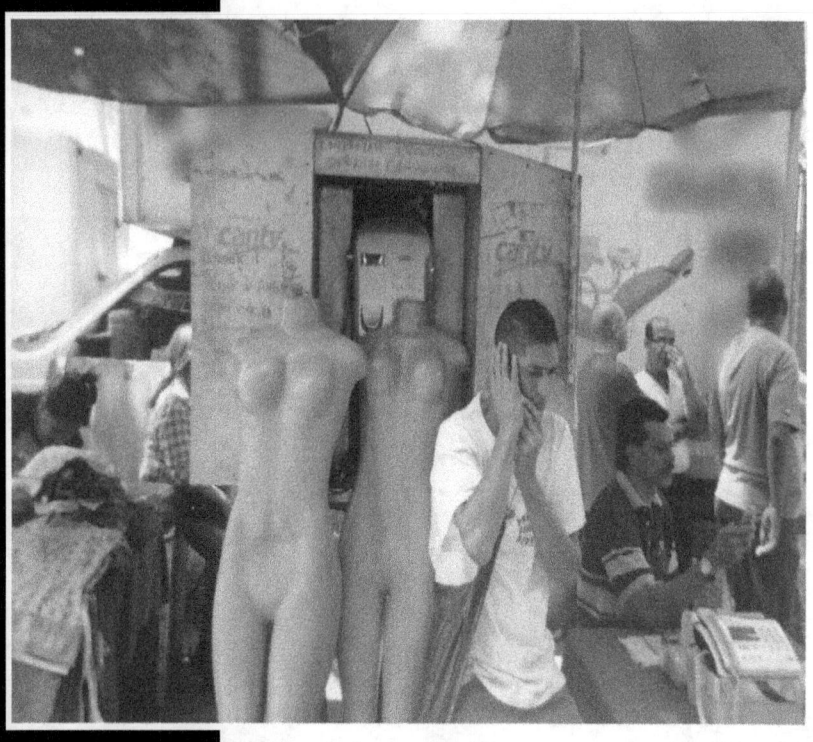

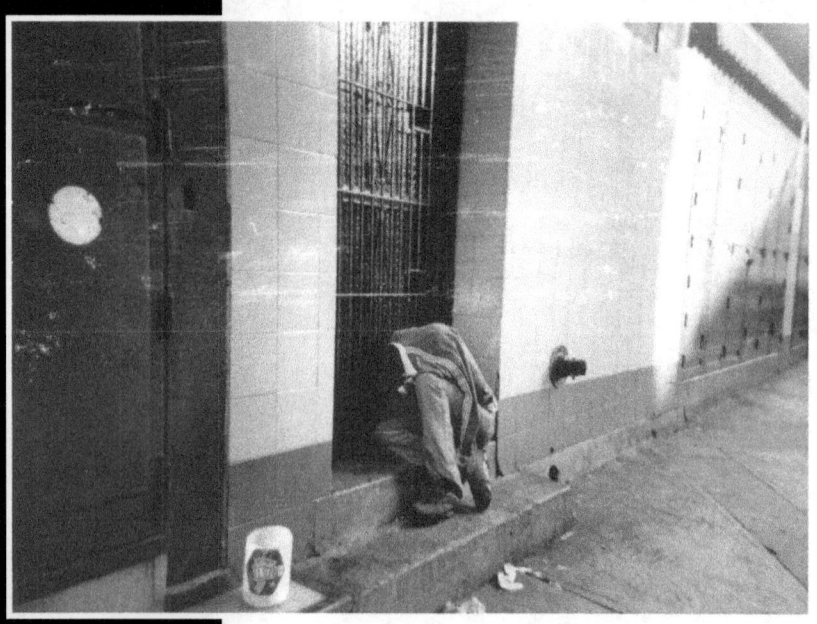

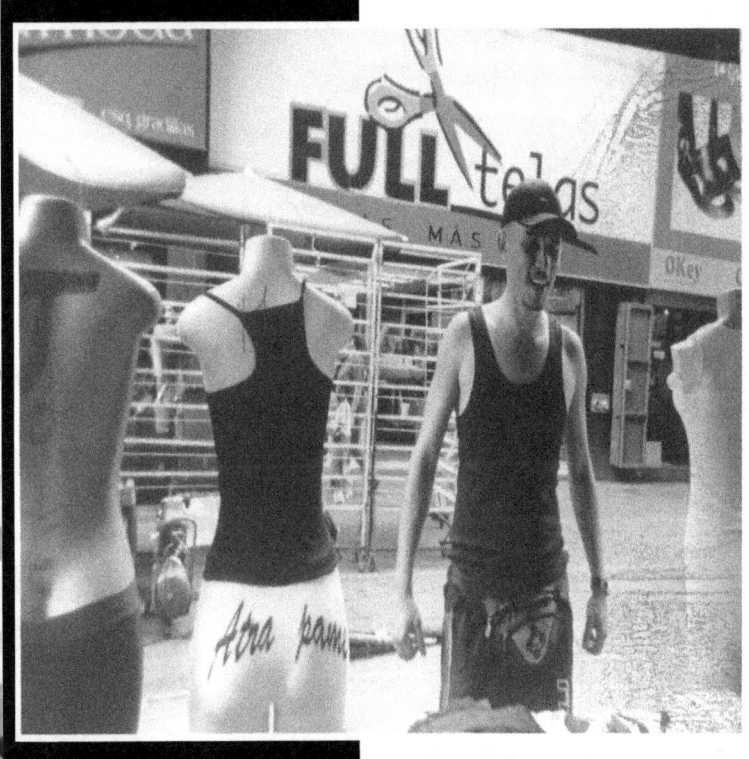

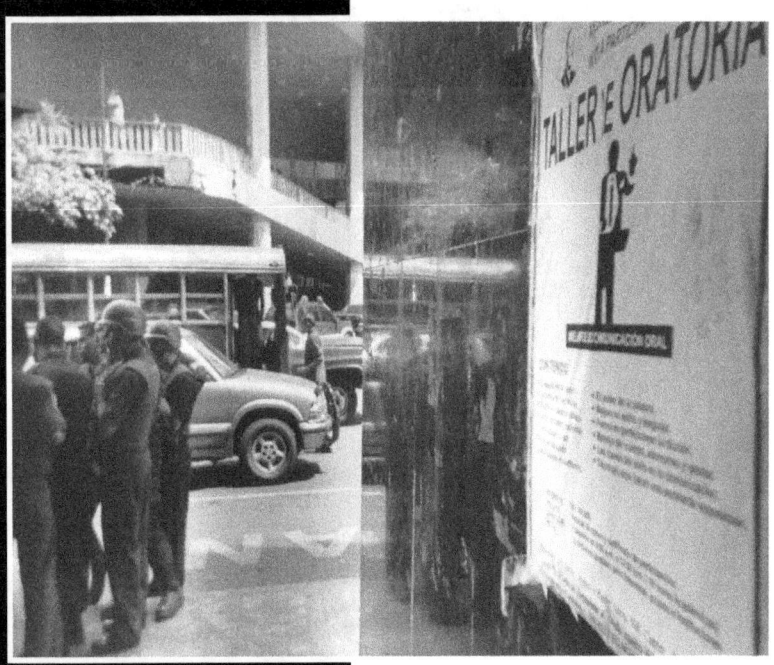

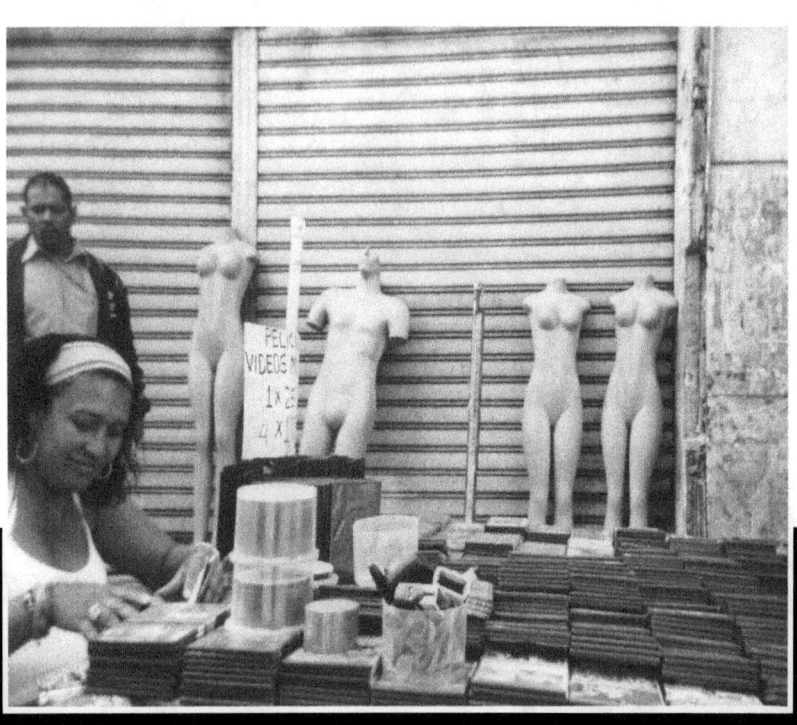

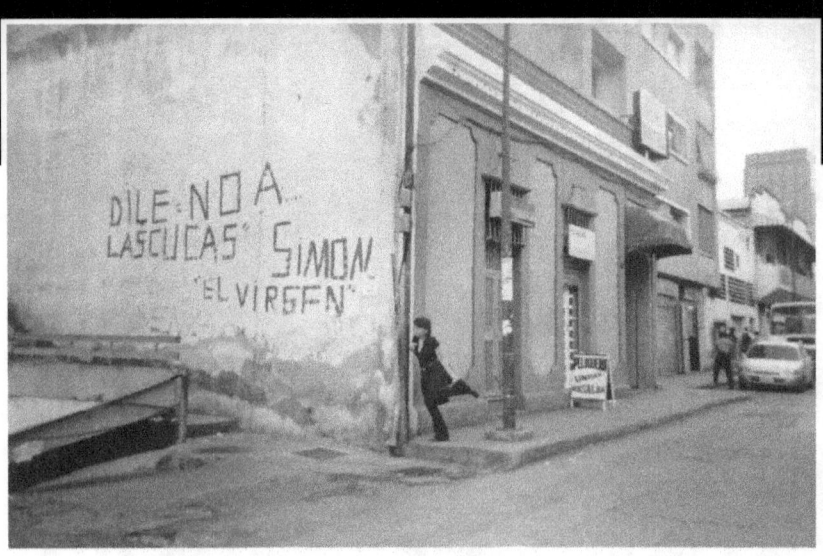

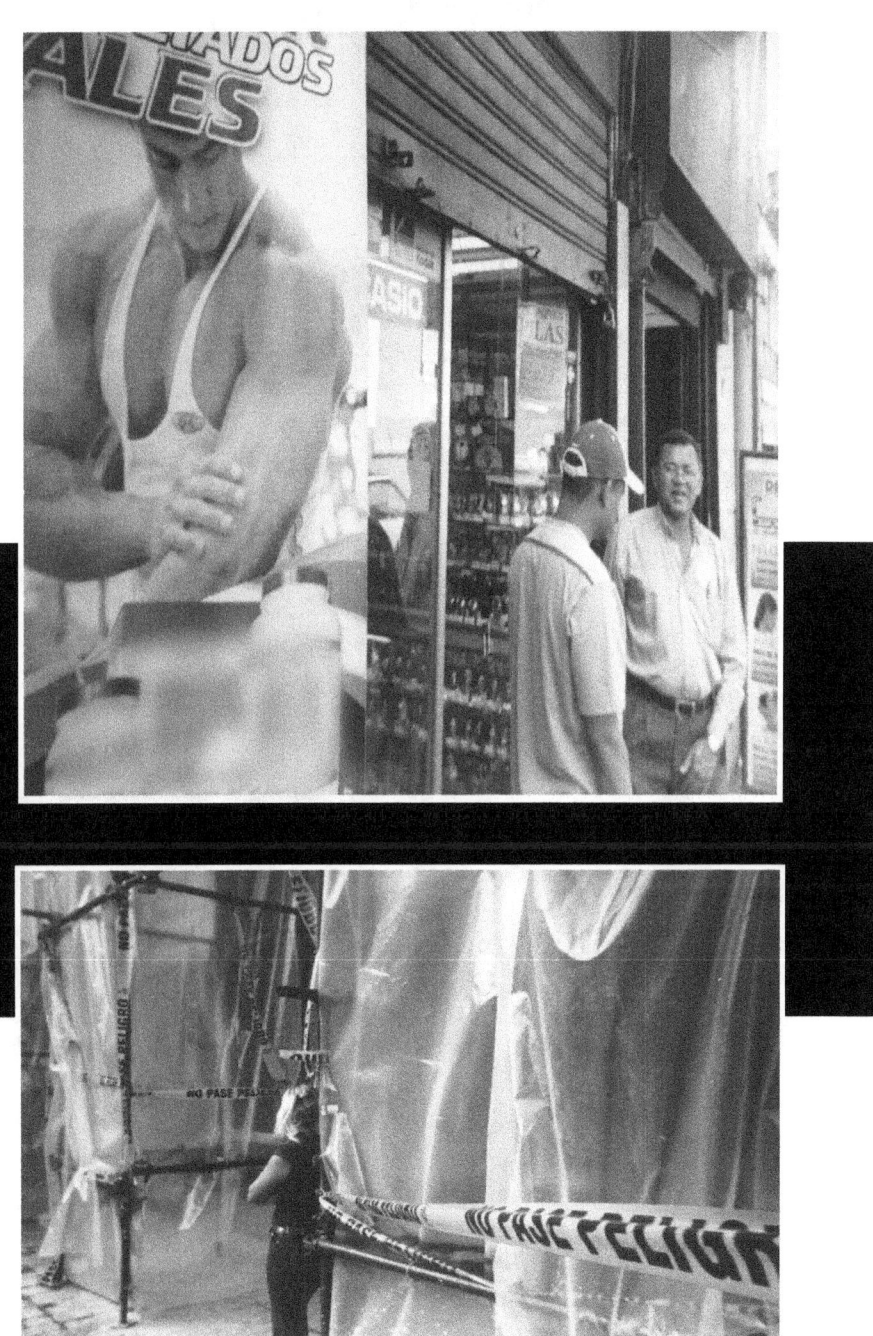

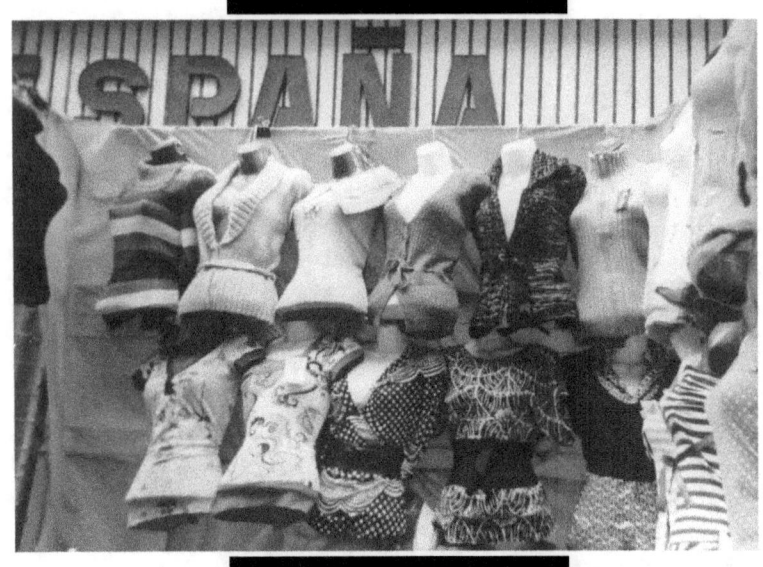

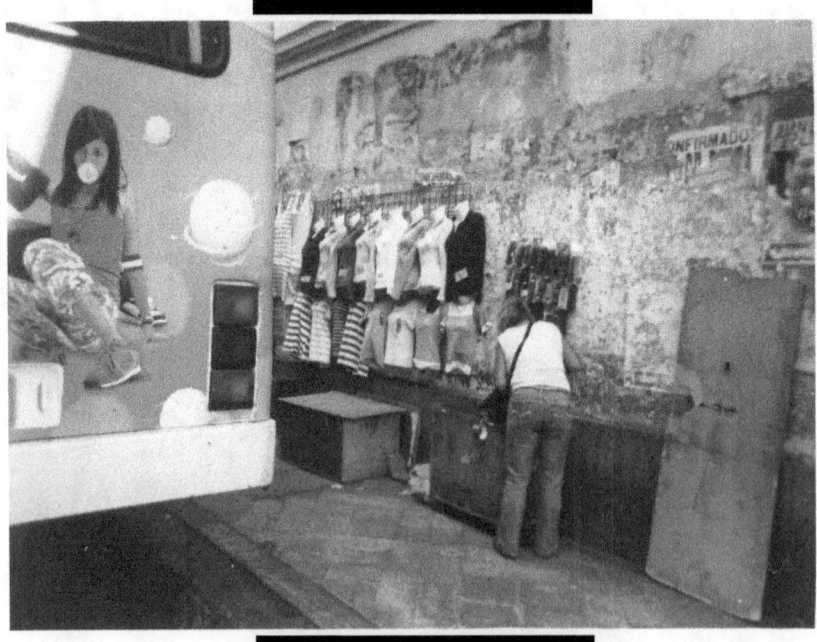

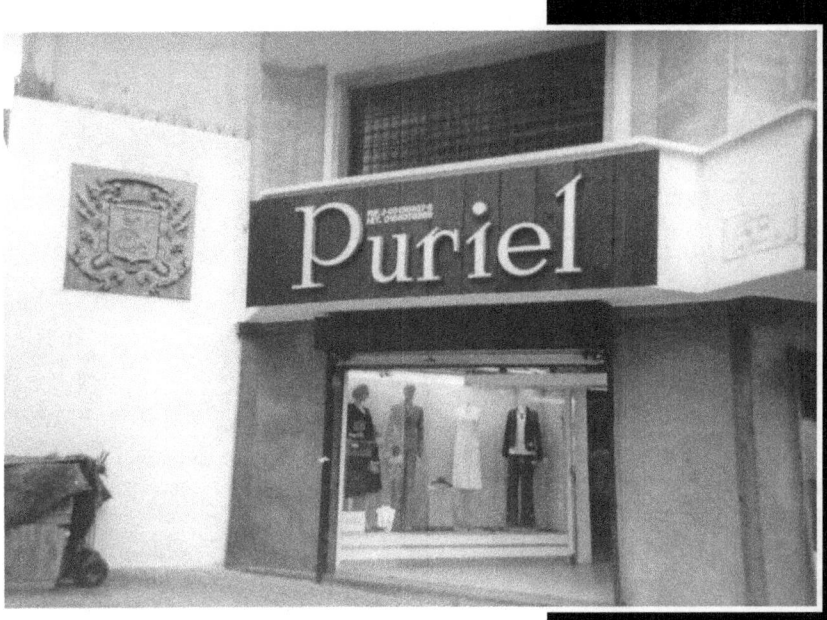

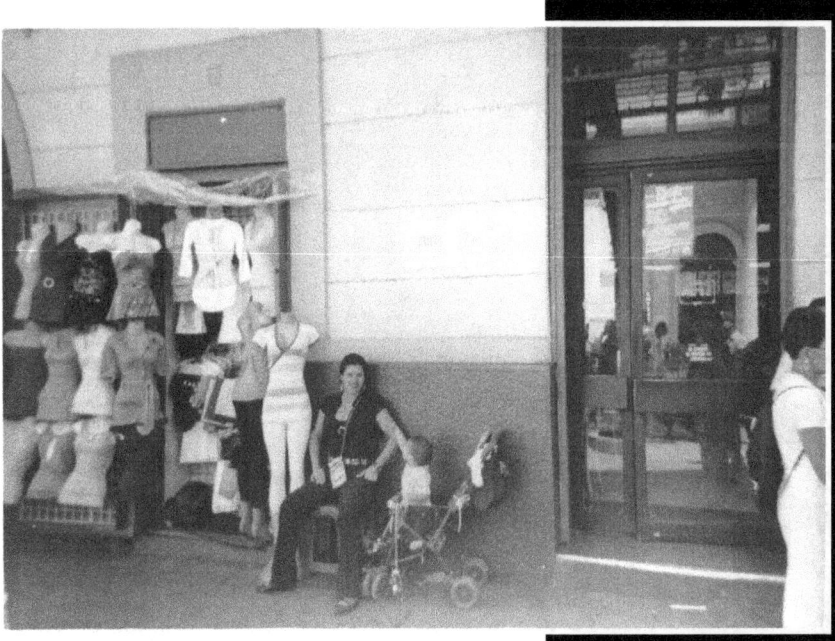

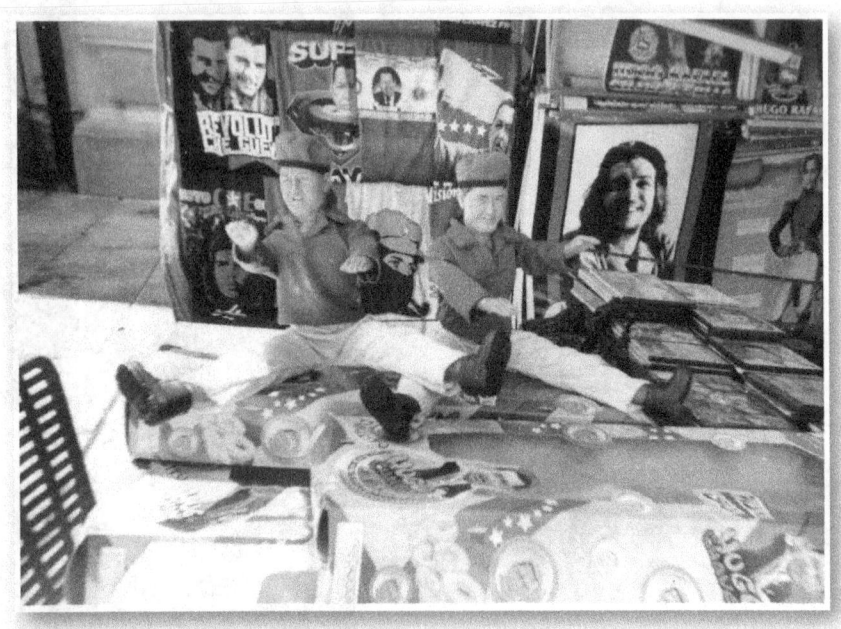

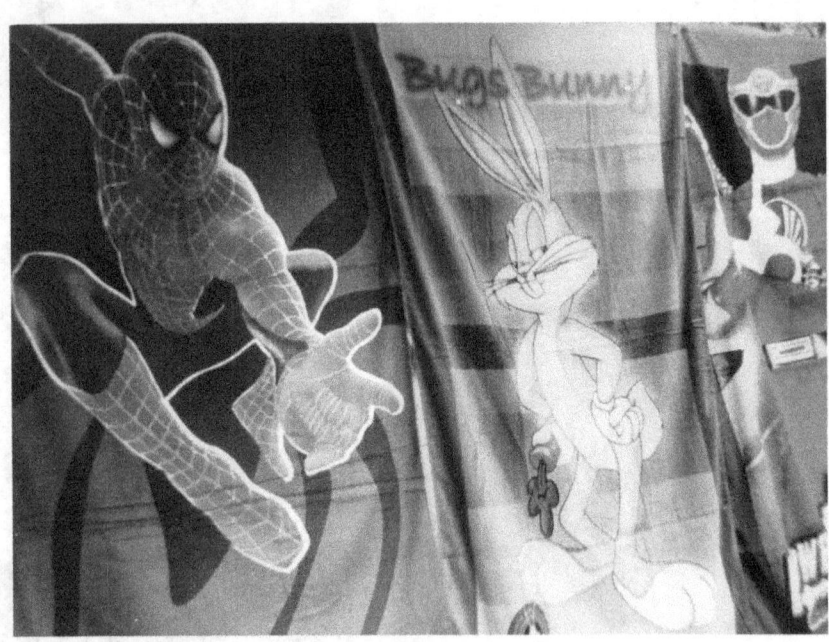

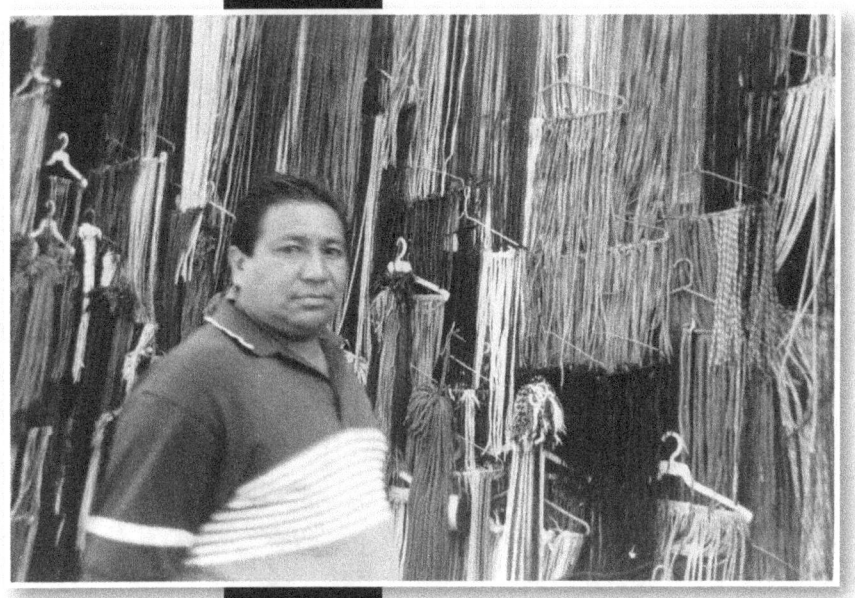

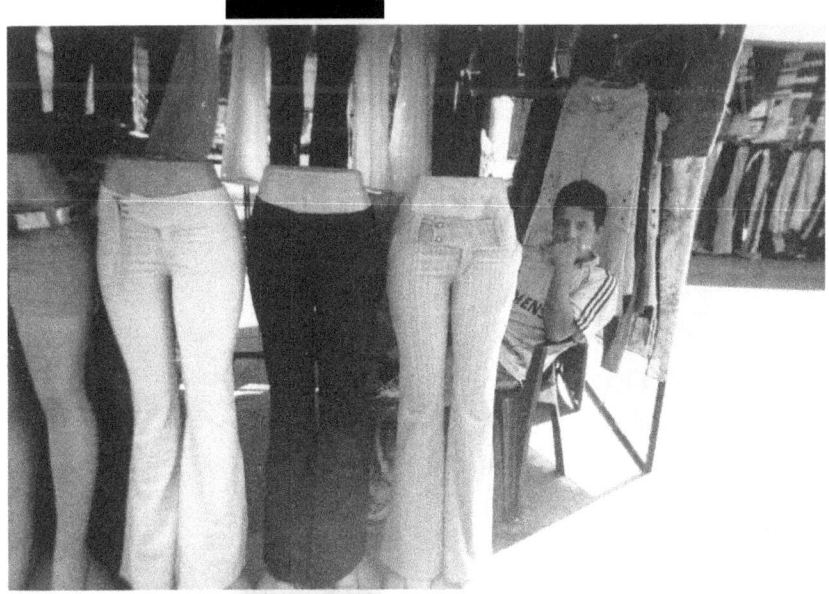

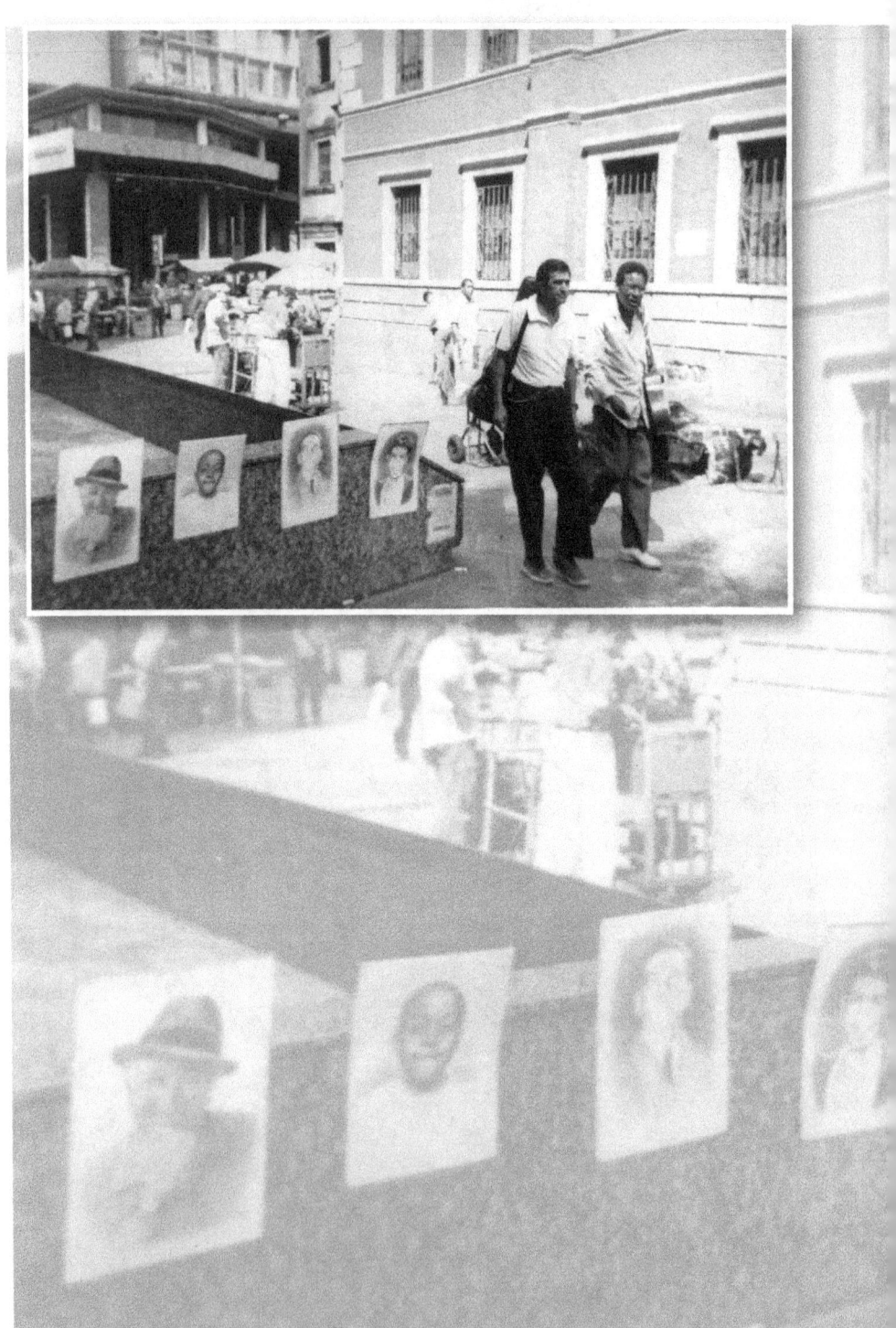

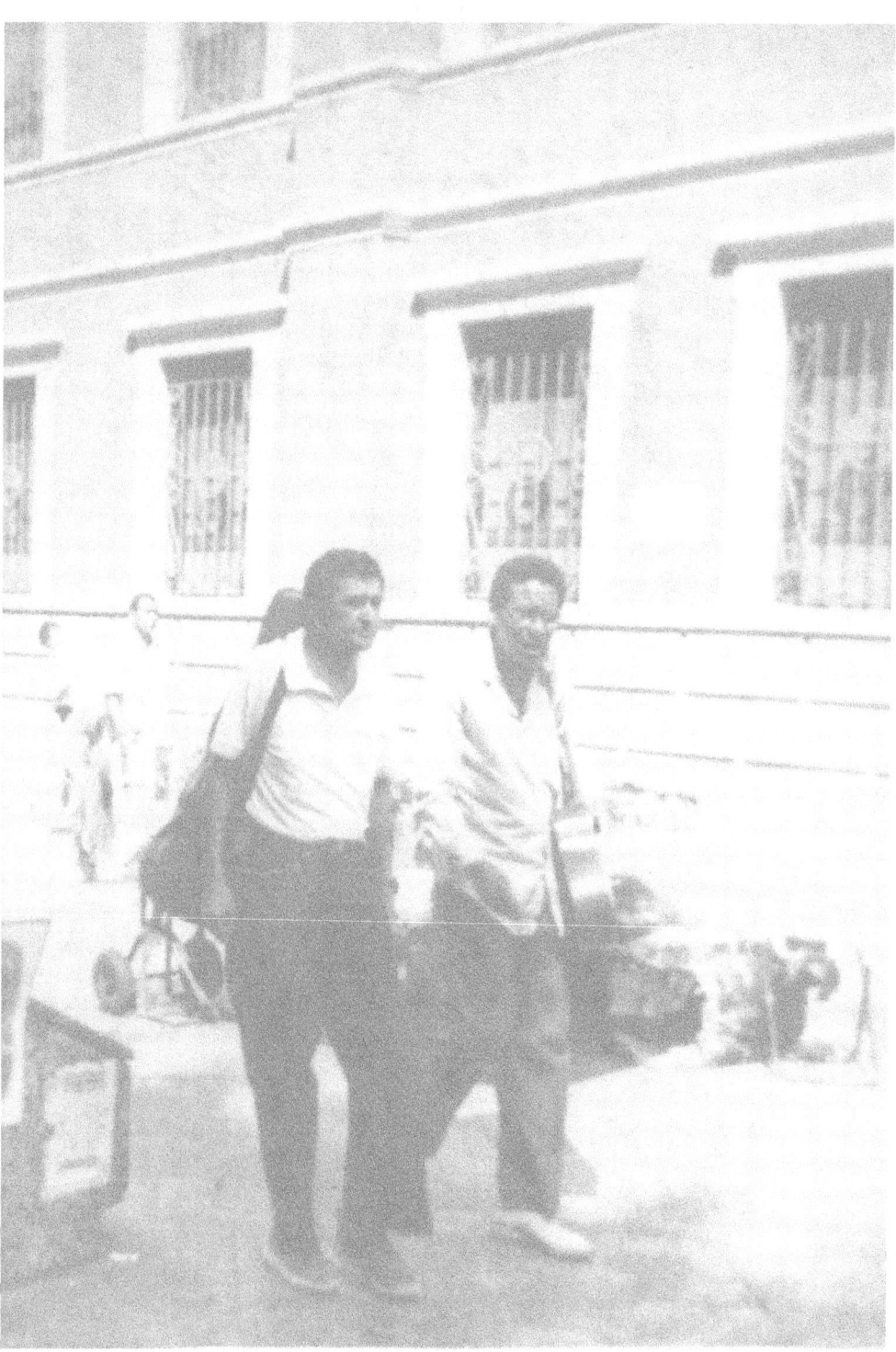

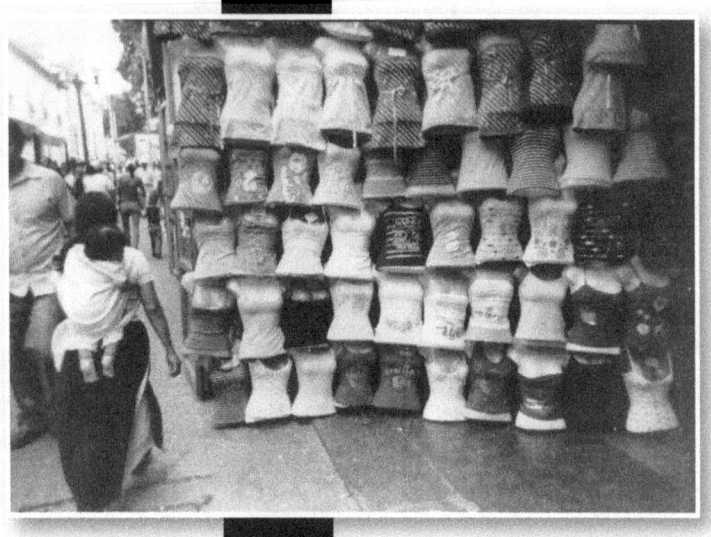

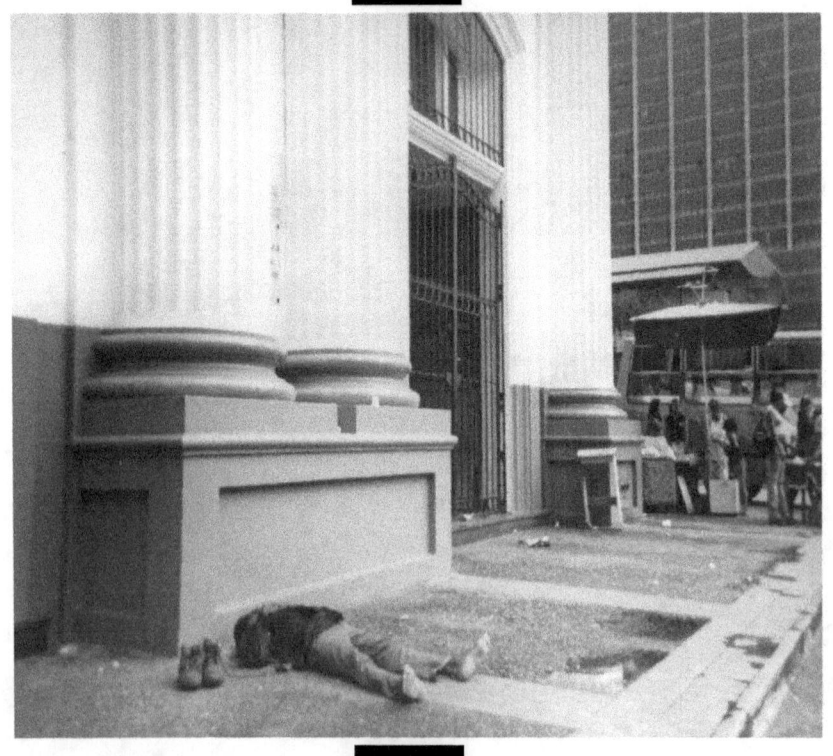

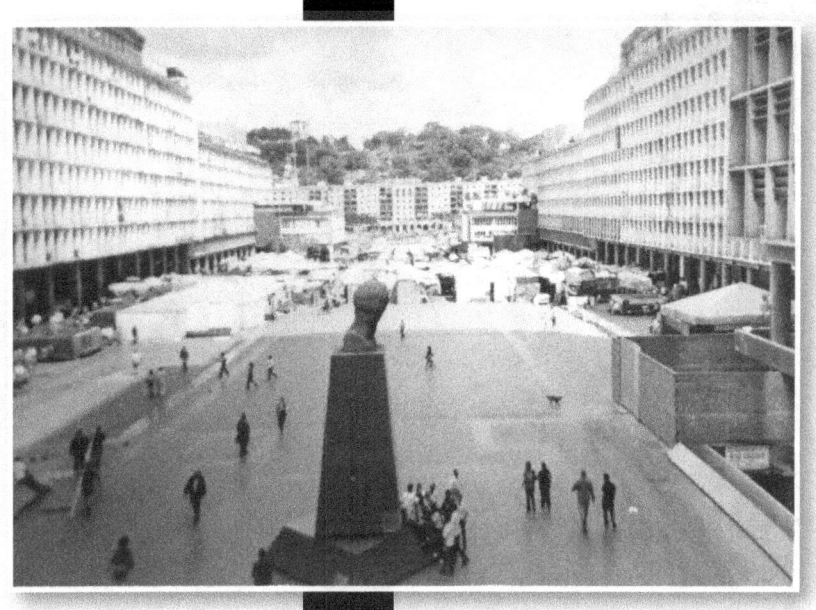

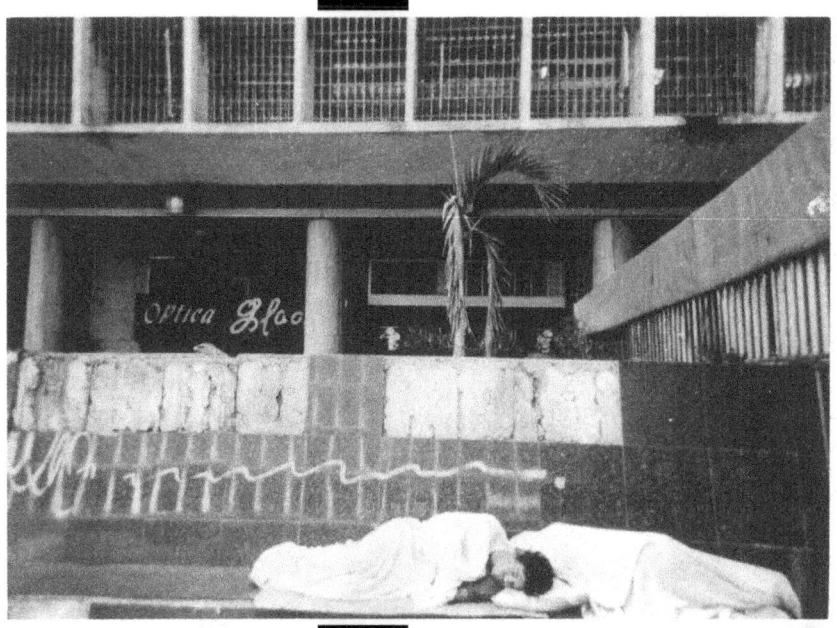

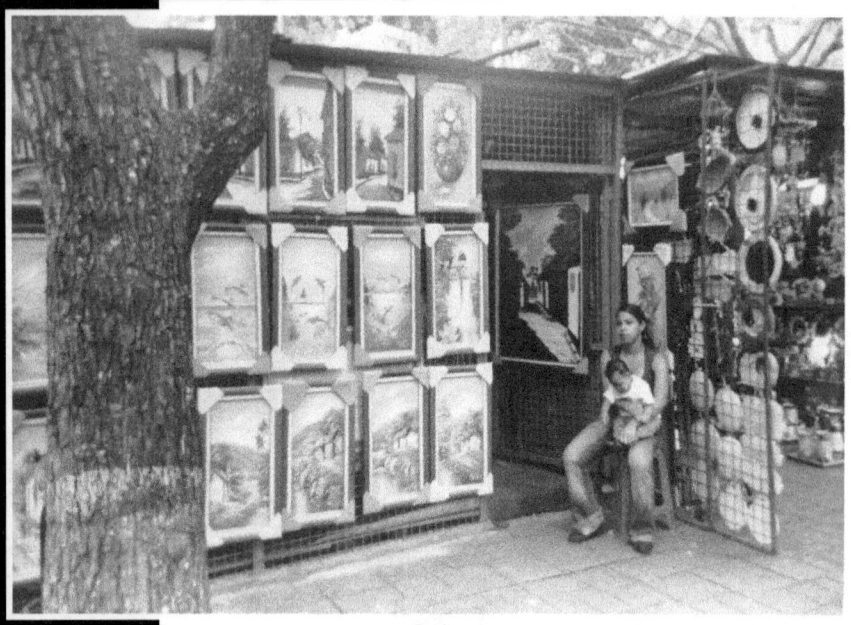

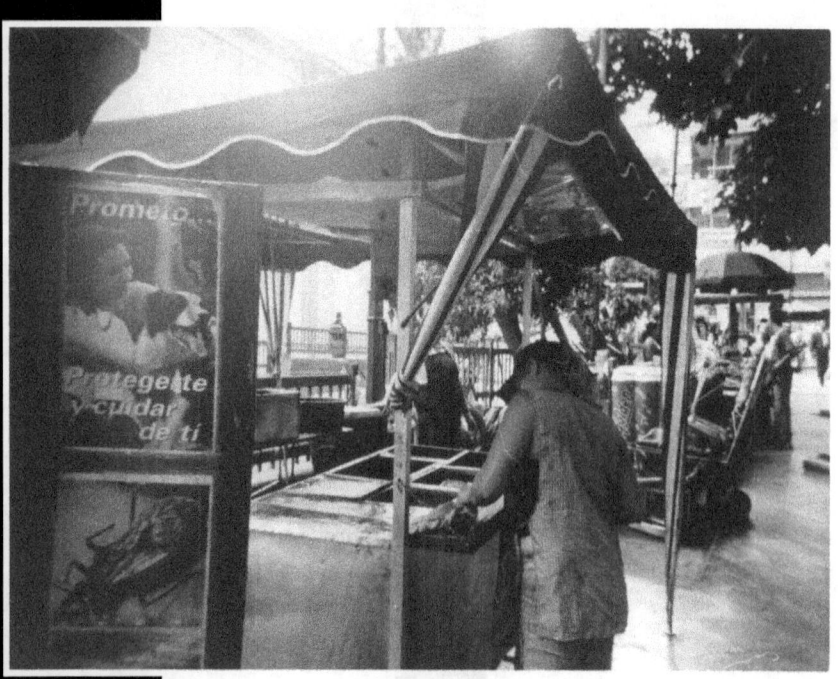

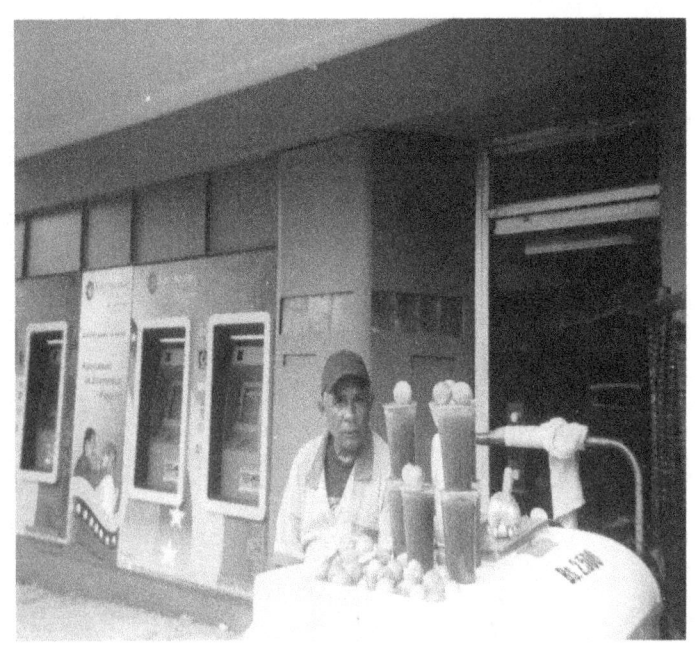

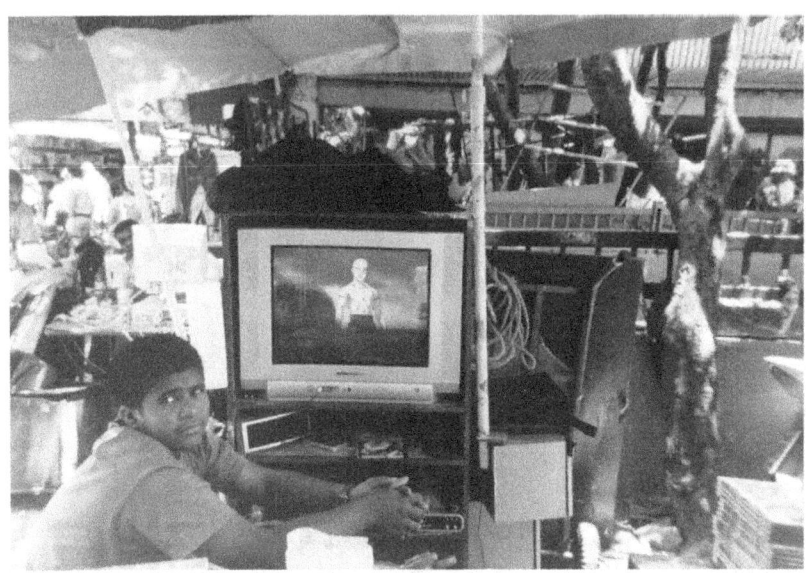

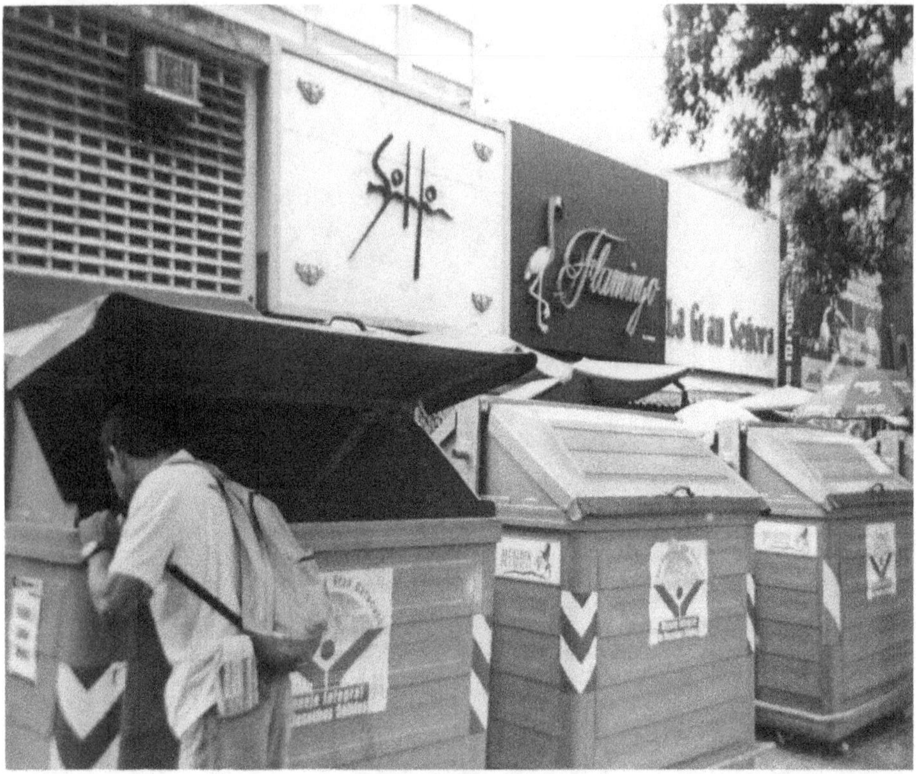

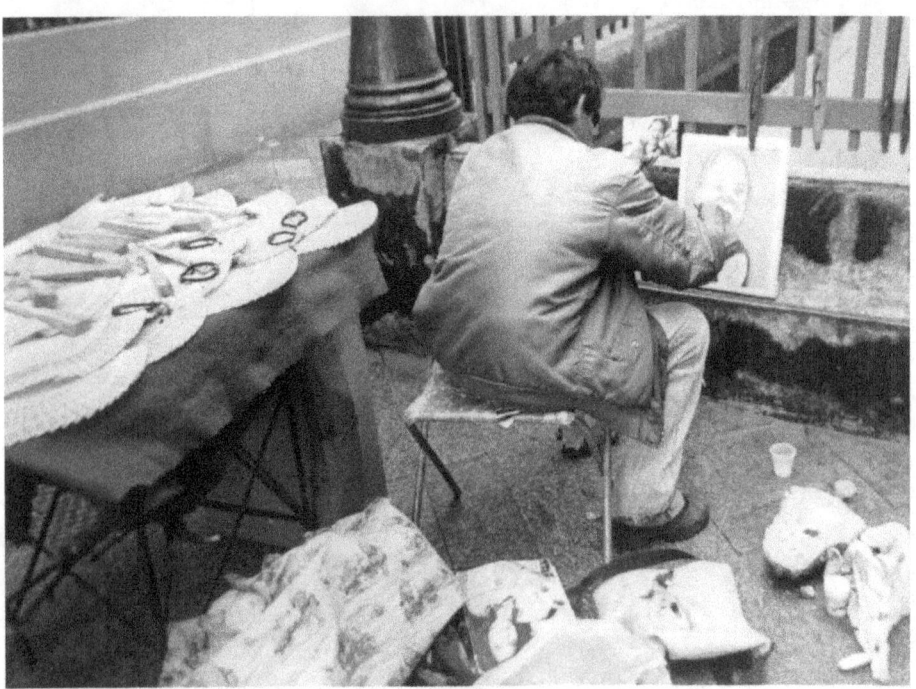

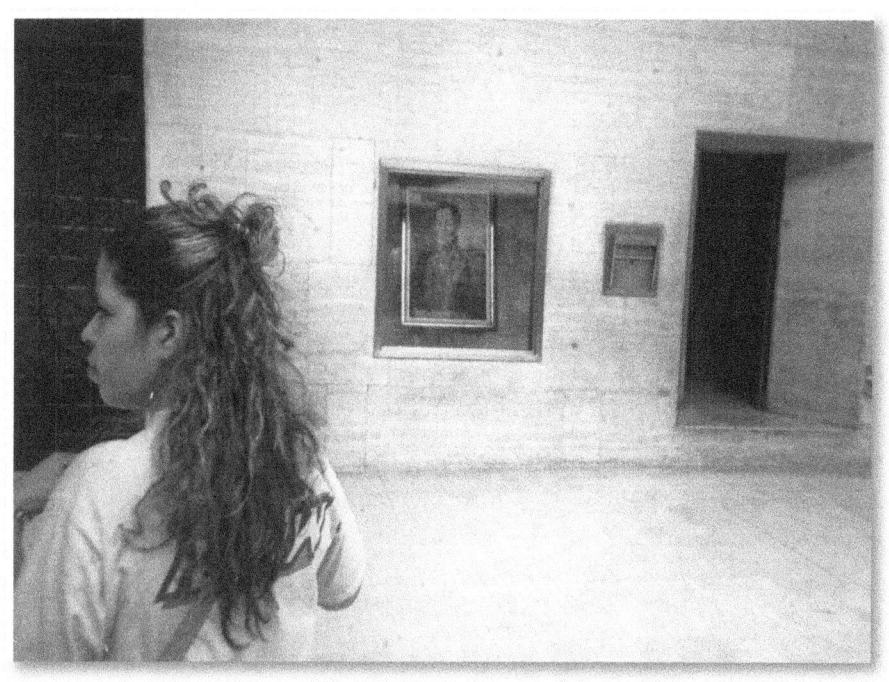

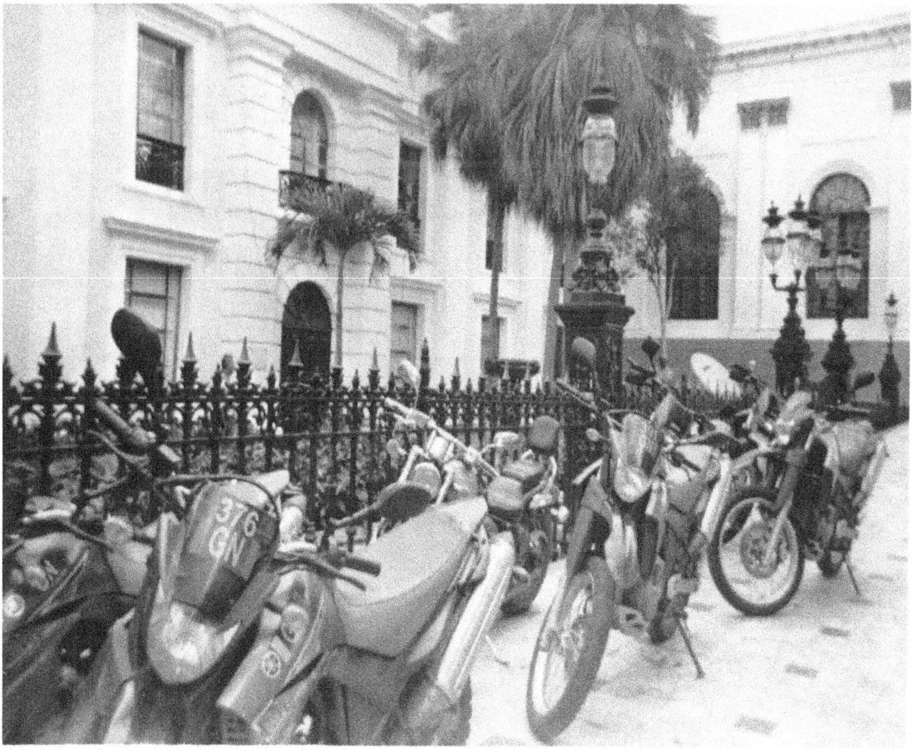

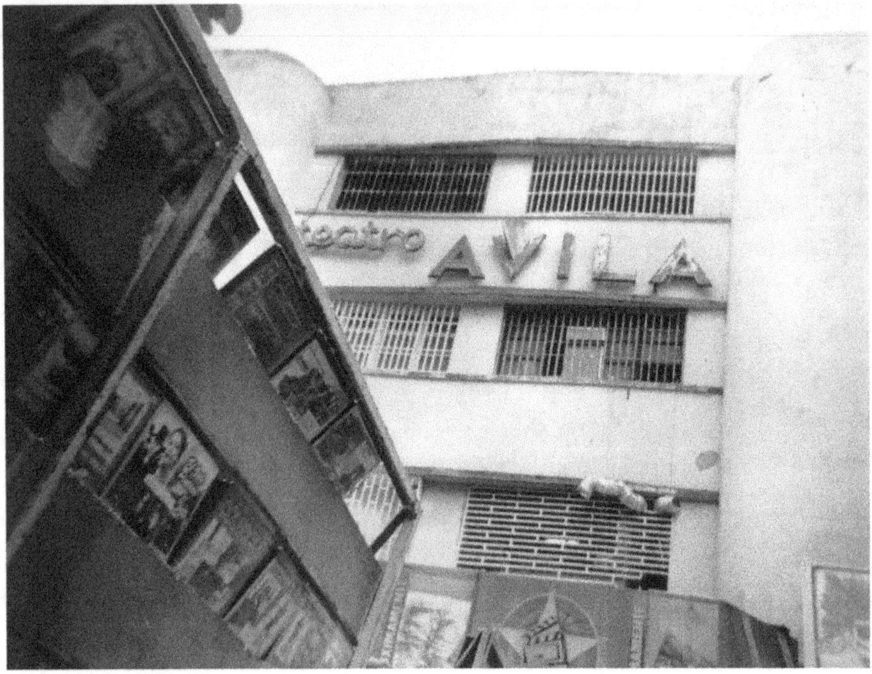

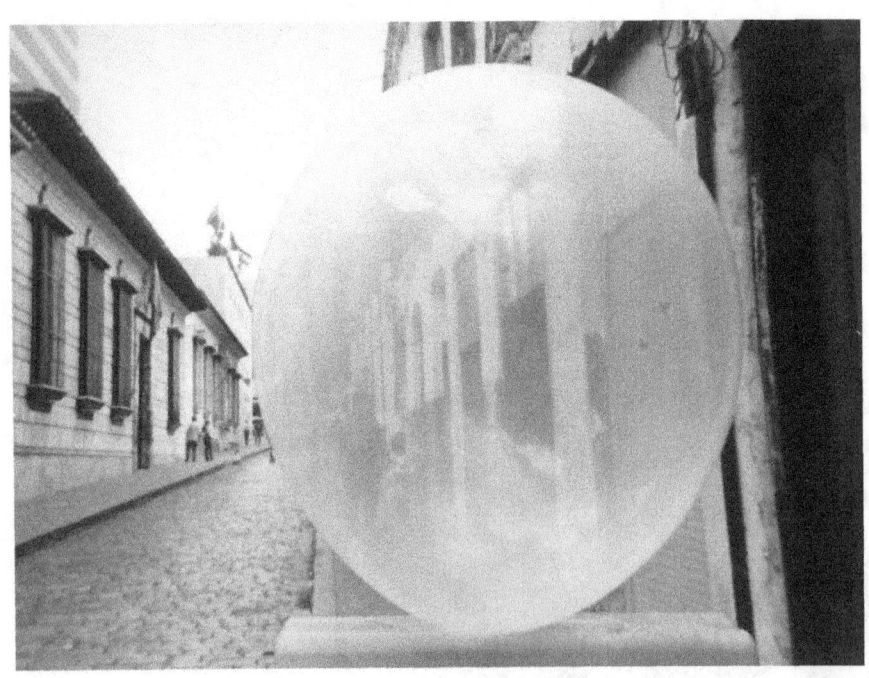

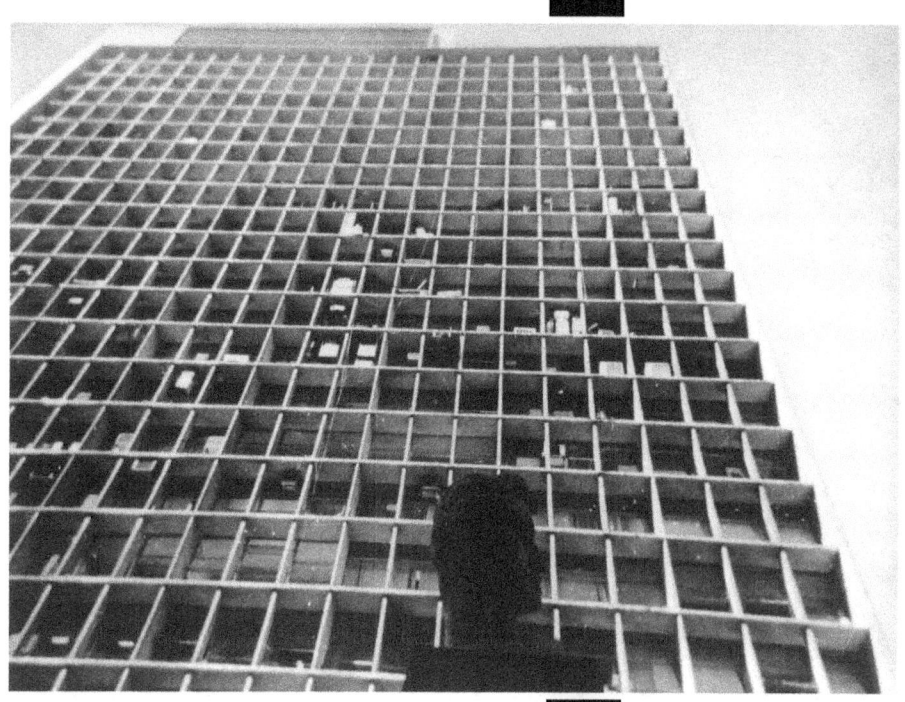

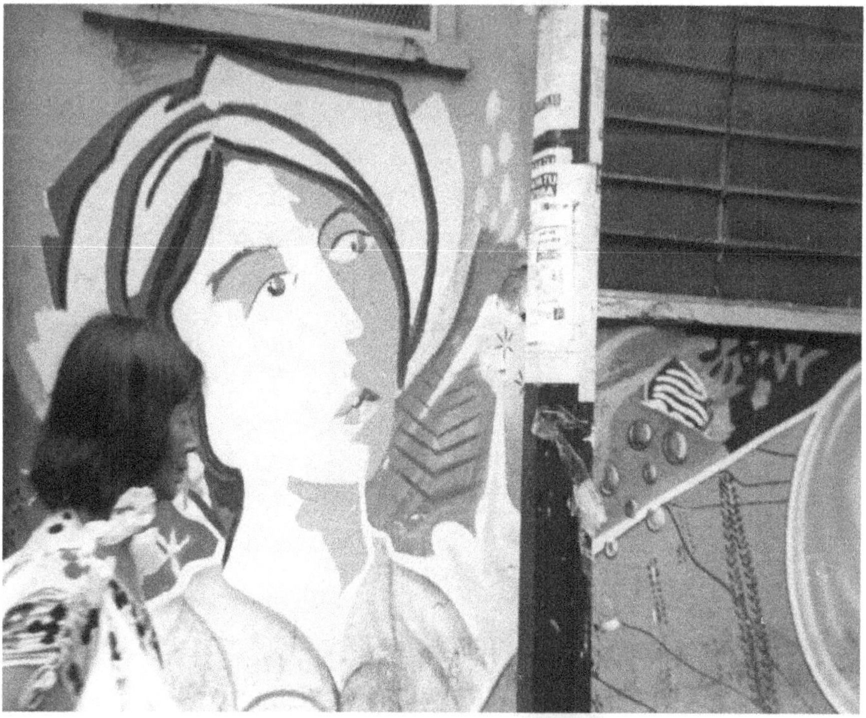

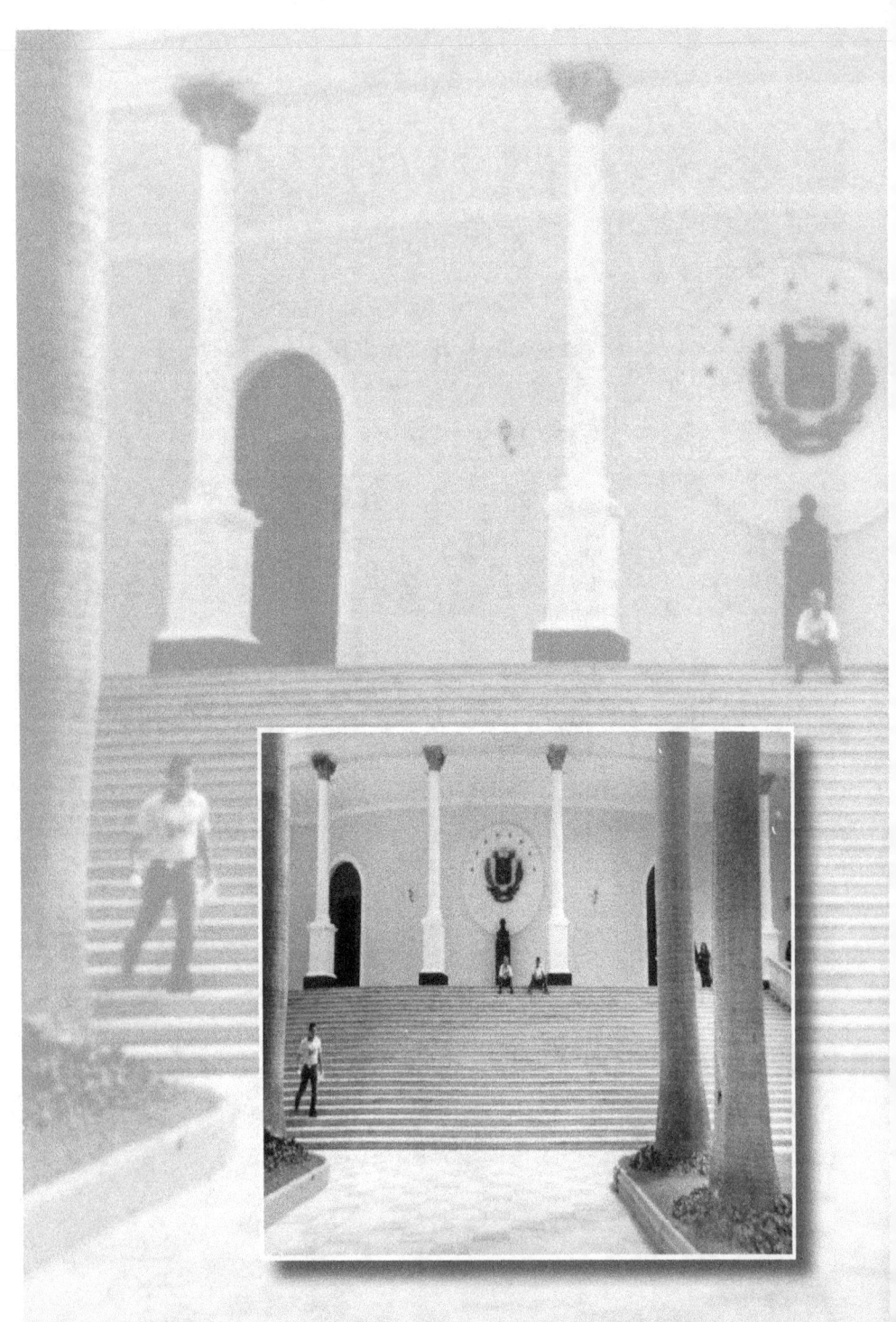

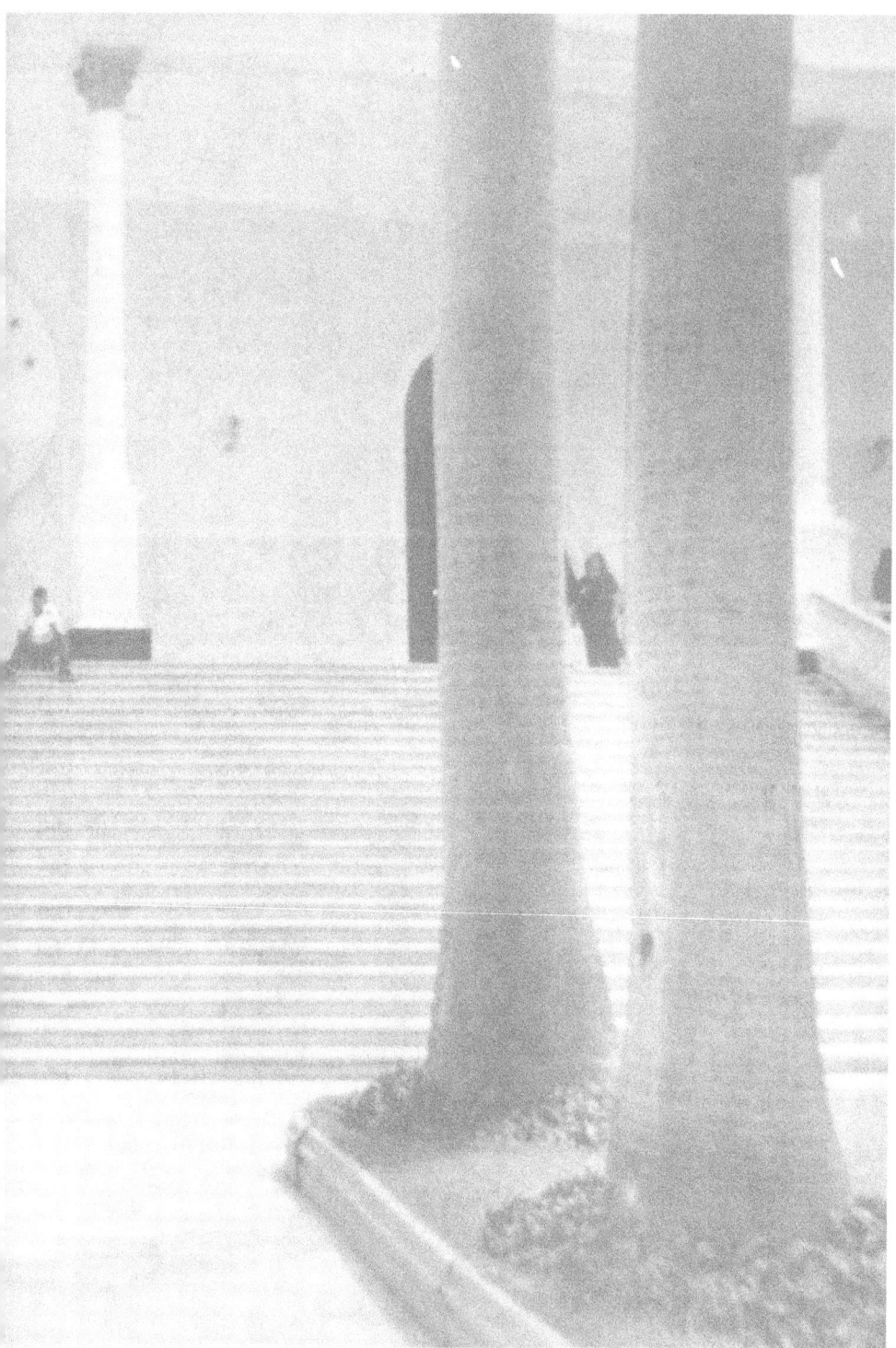

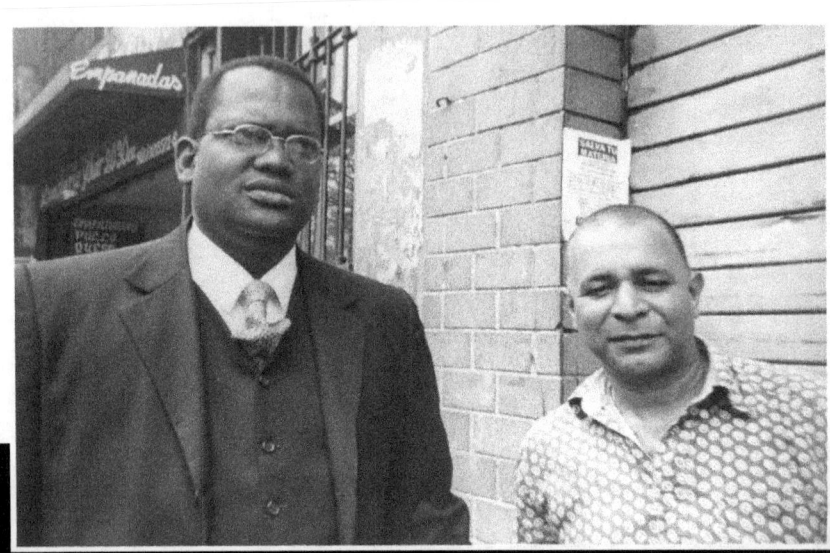

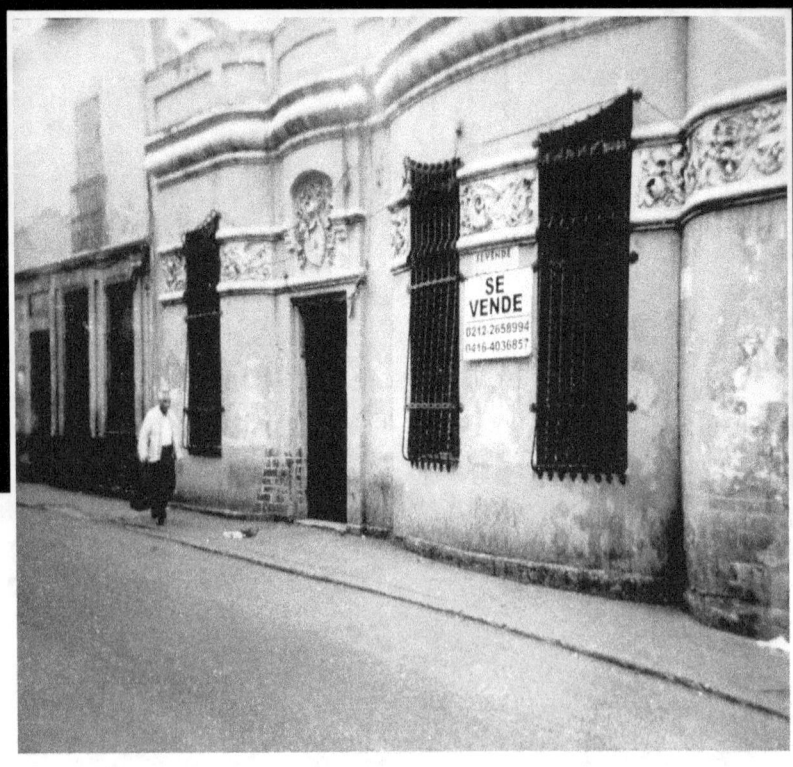

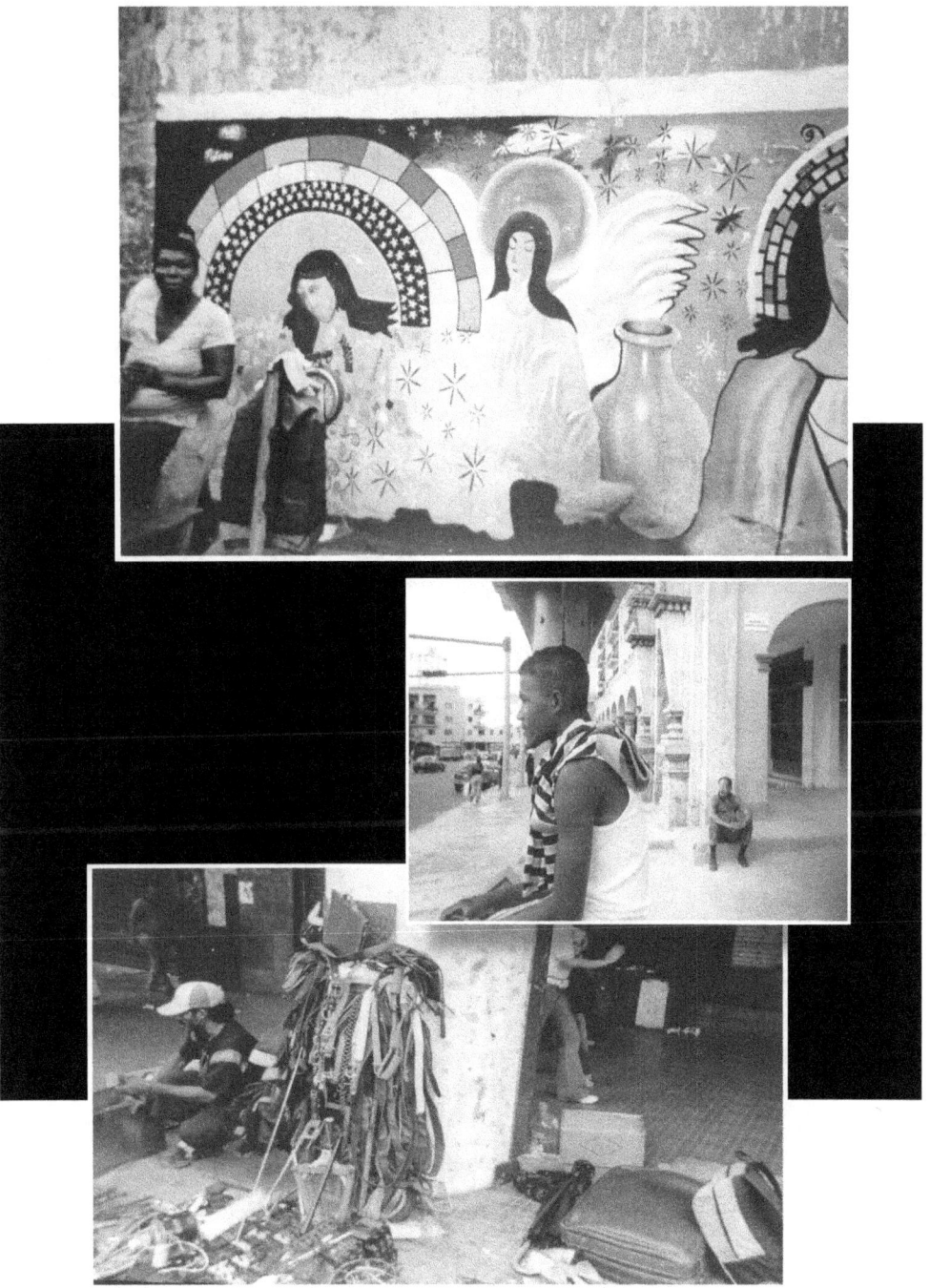

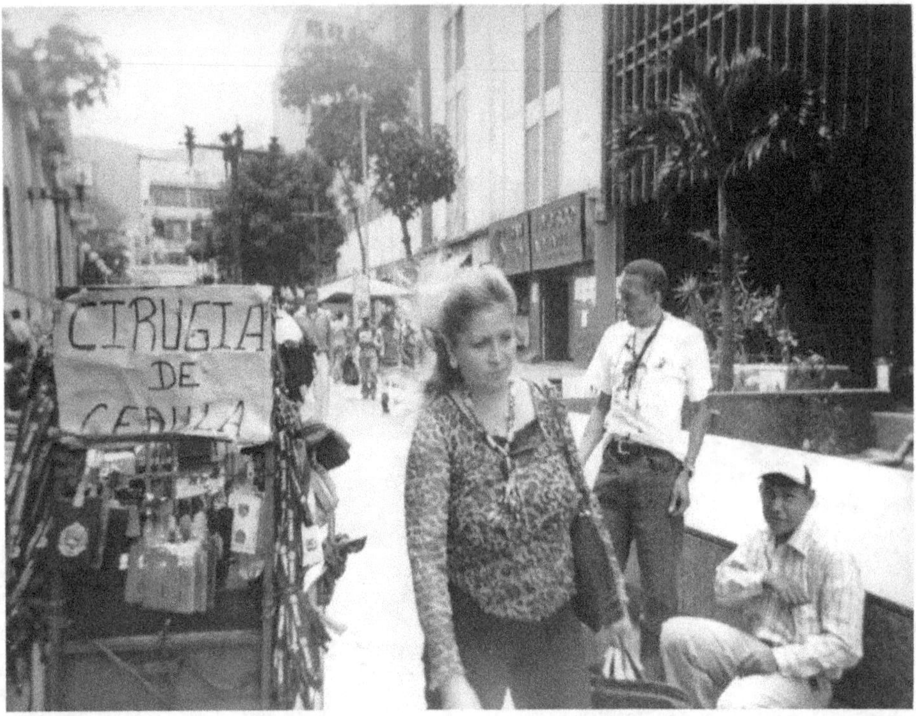
CIRUGIA
DE

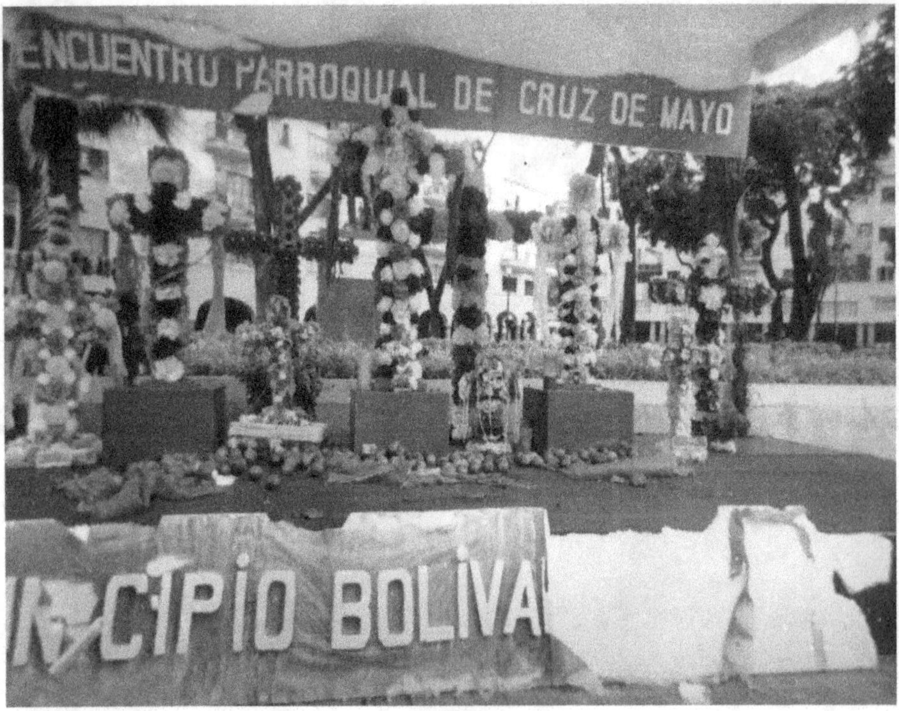
ENCUENTRU PARROQUIAL DE CRUZ DE MAYO

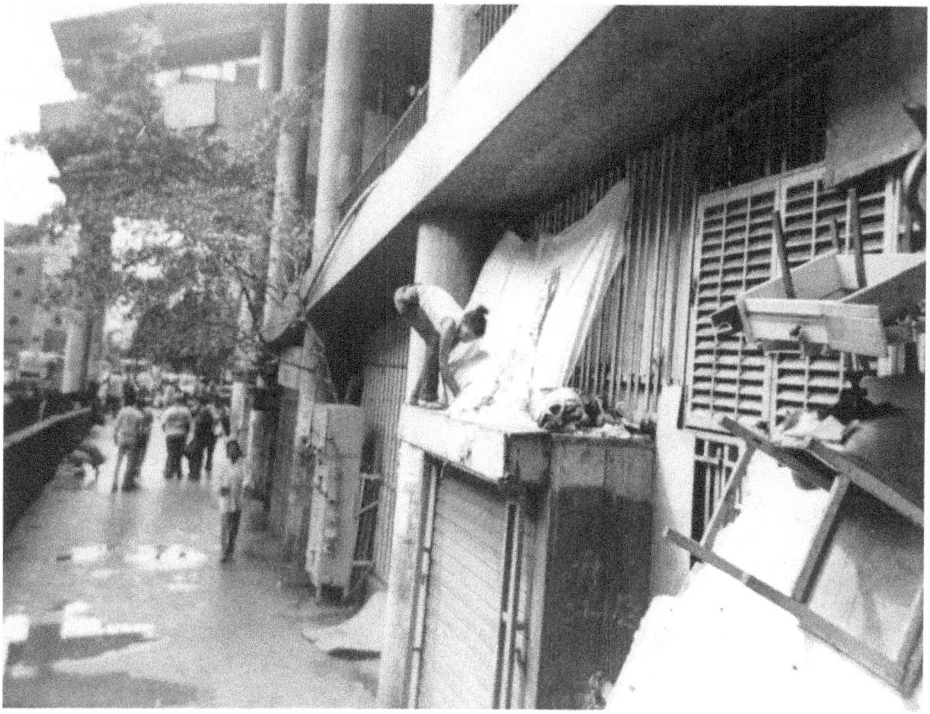

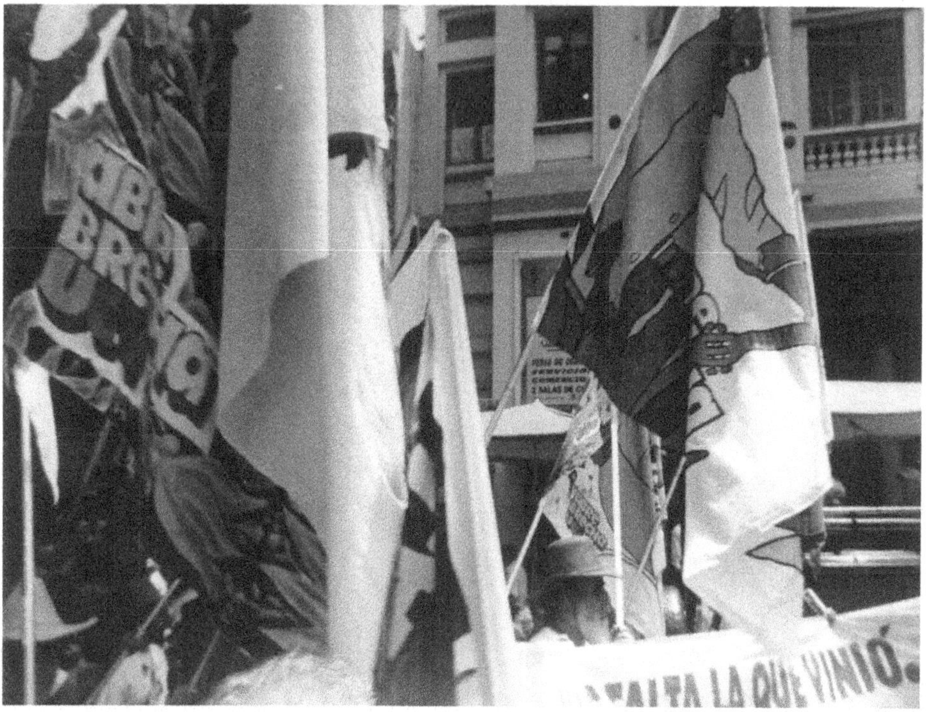
LA QUE VINIÓ.

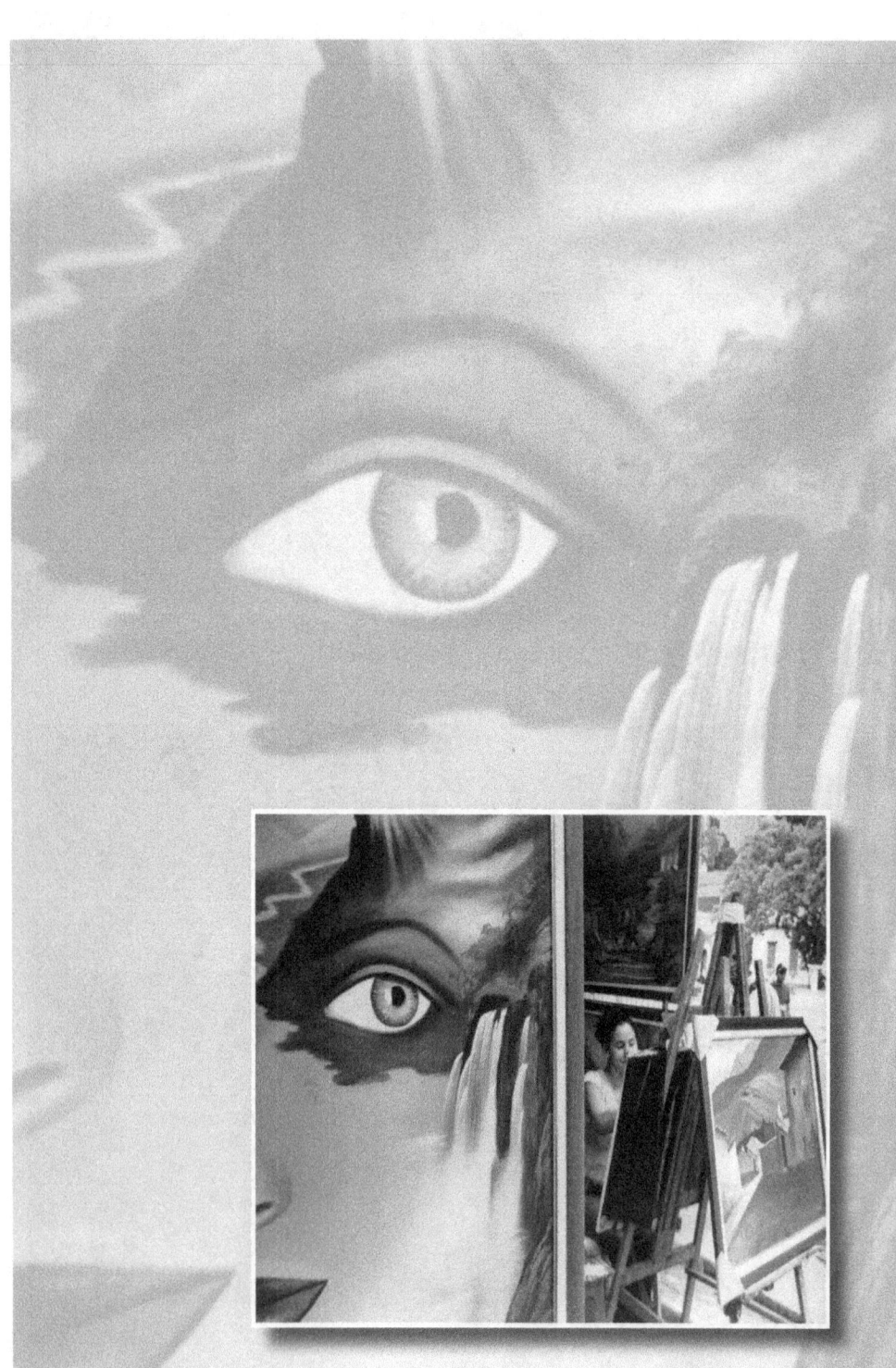

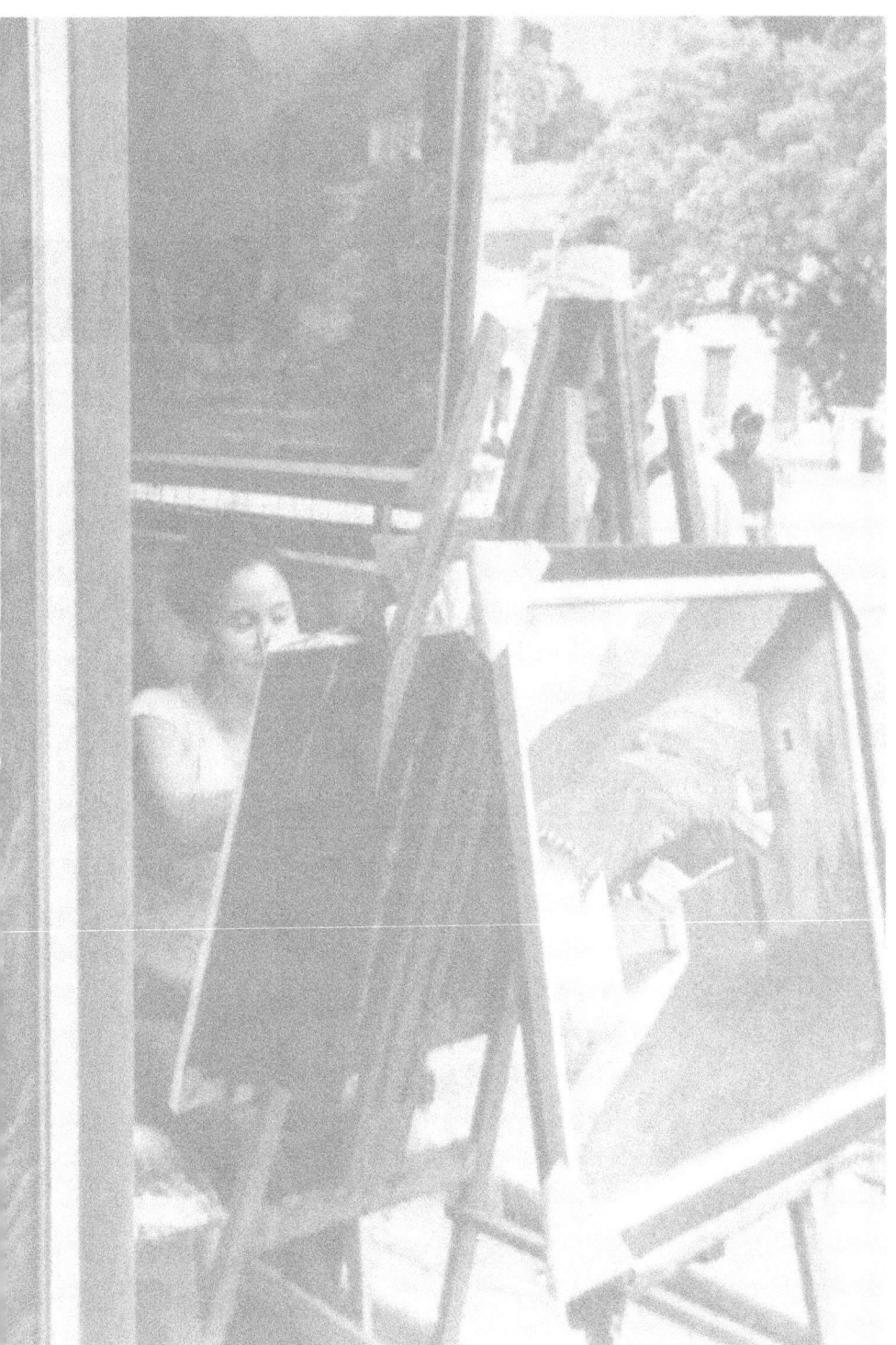

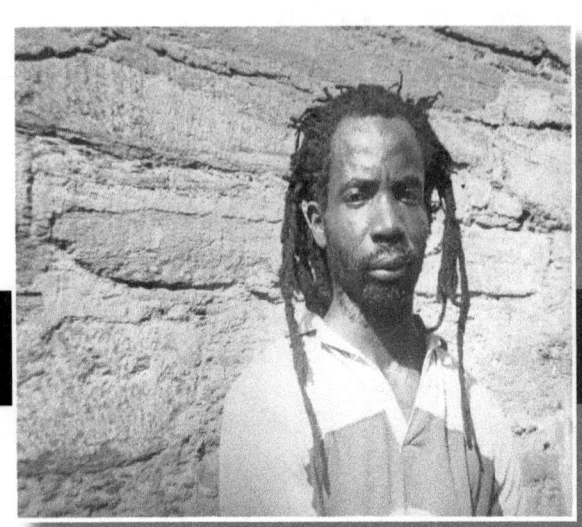

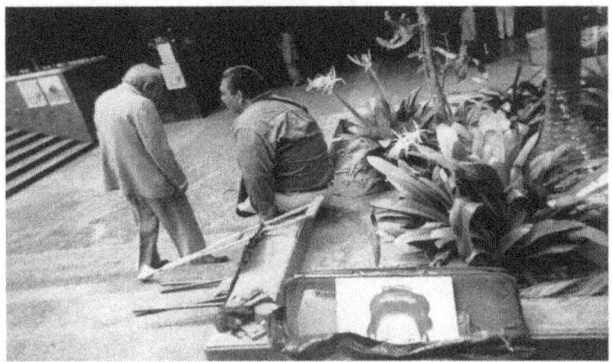

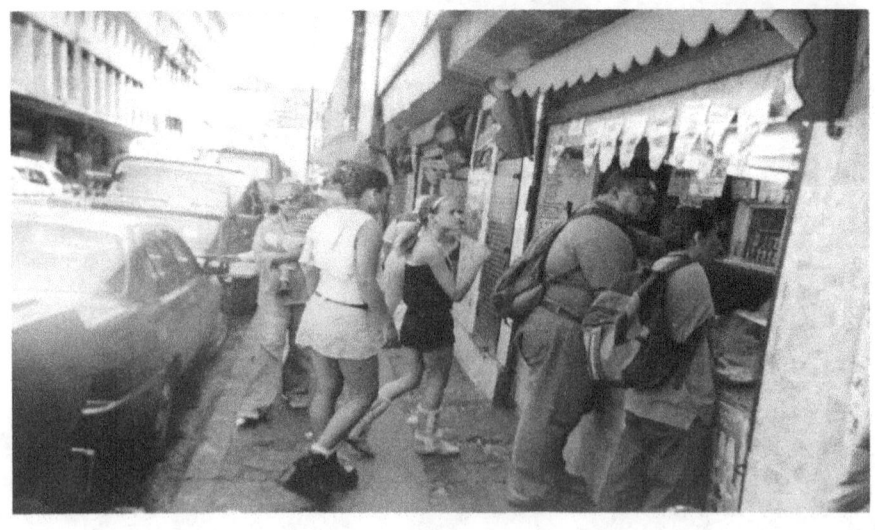

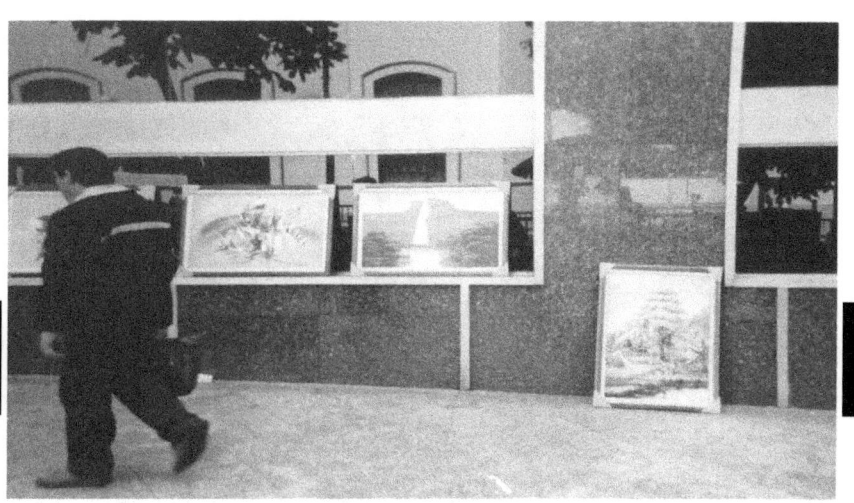

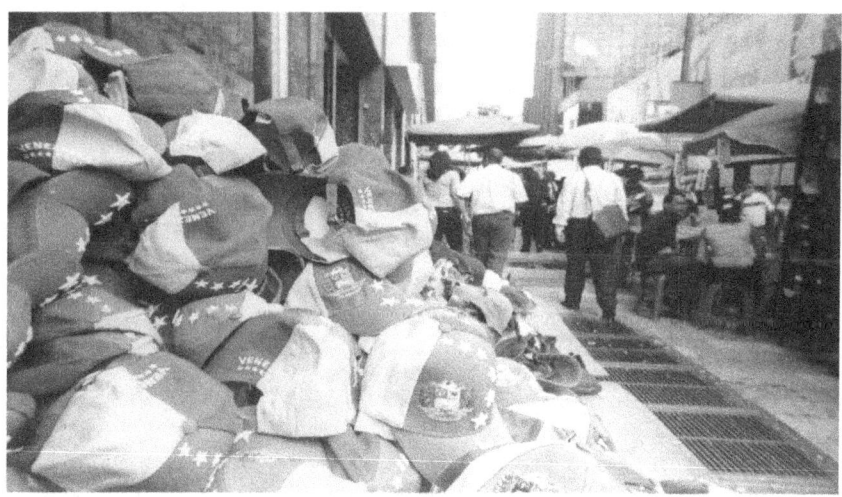

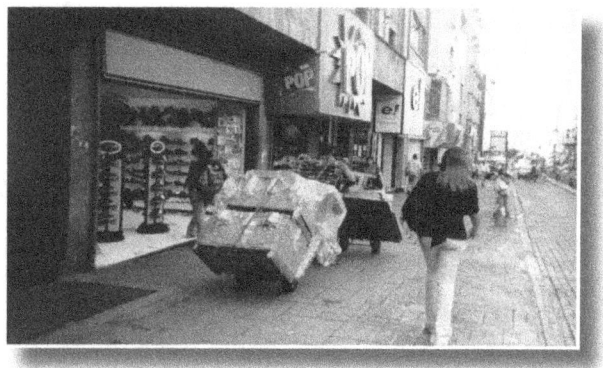

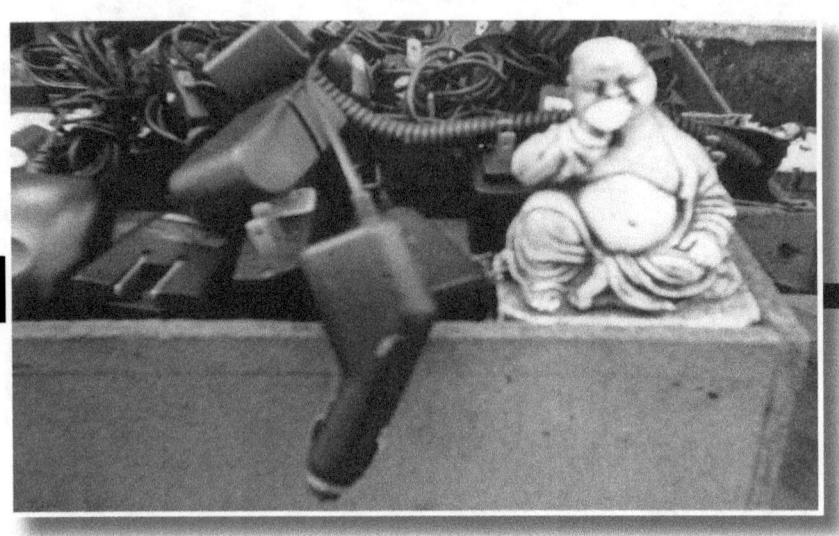

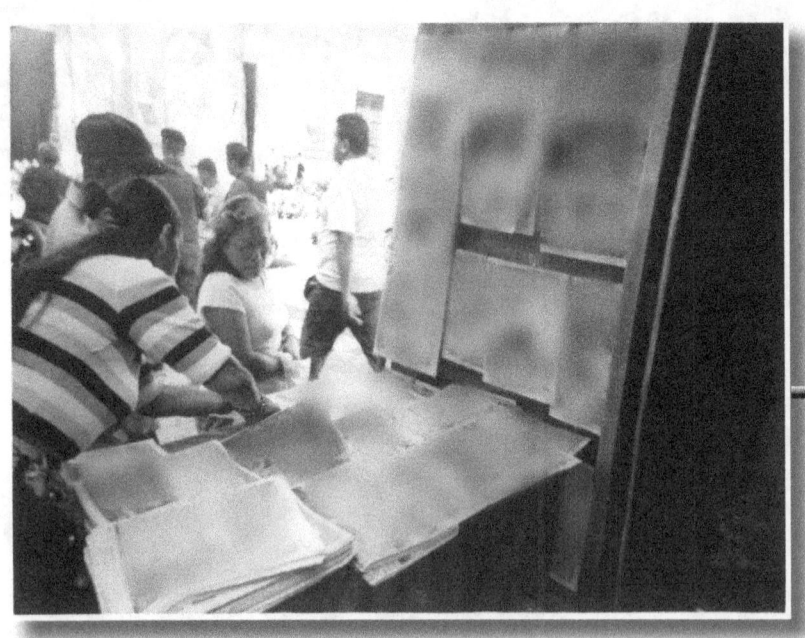

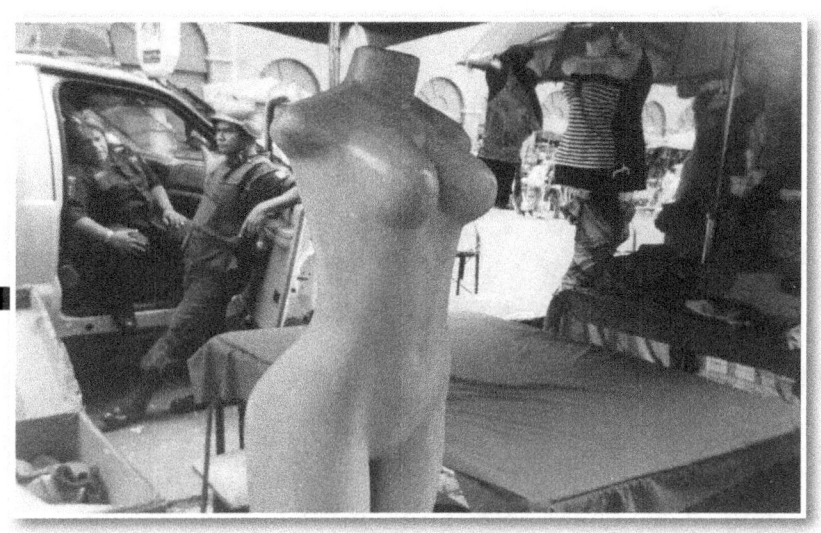

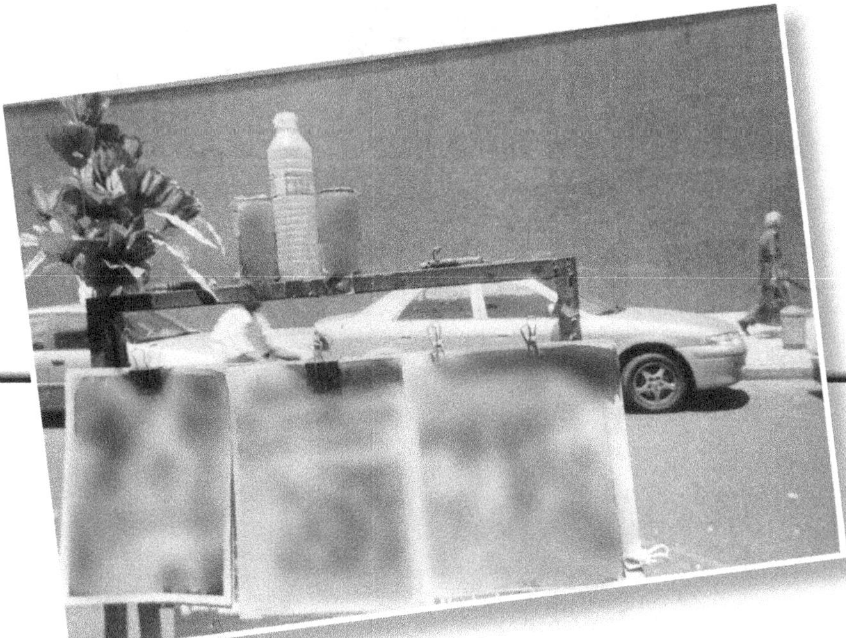

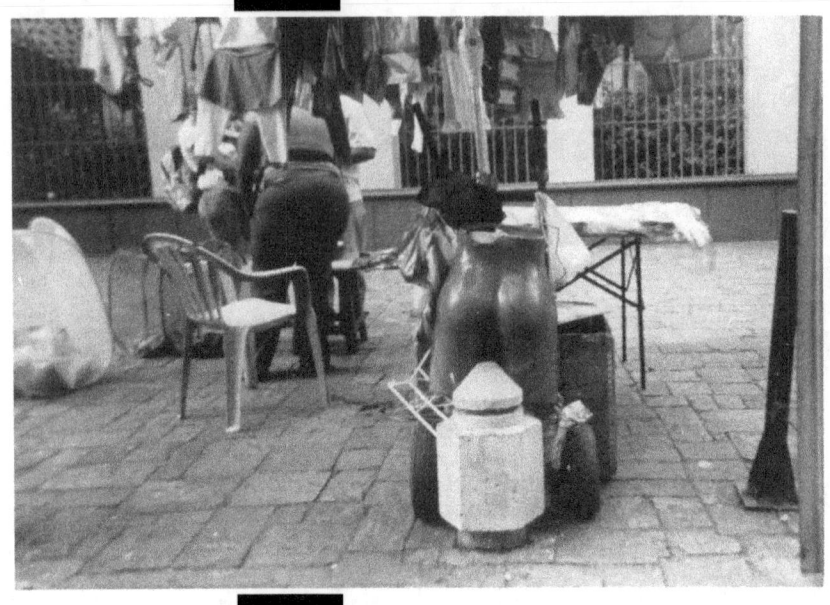

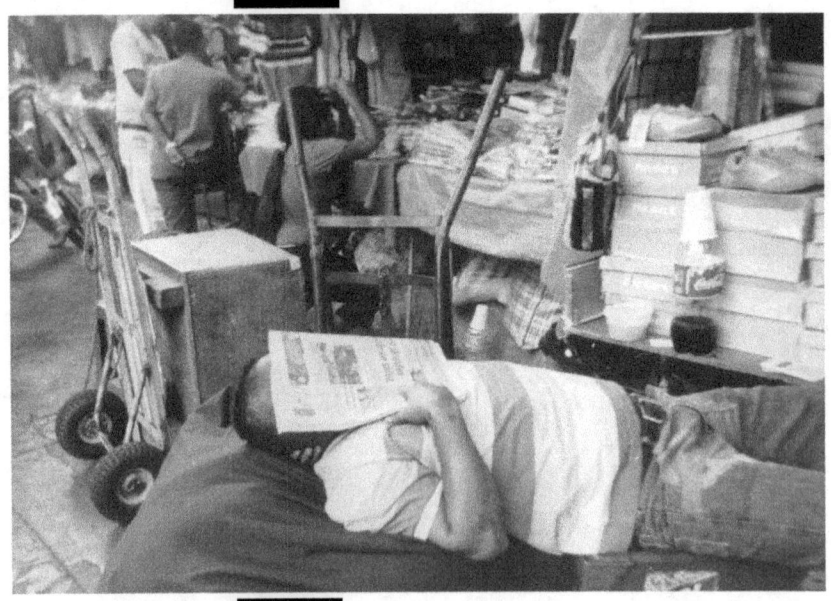

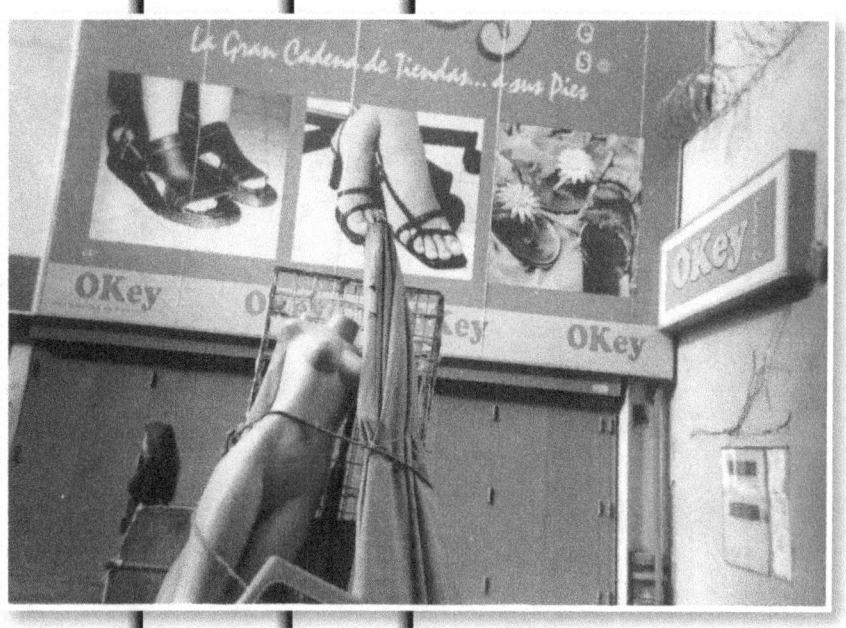

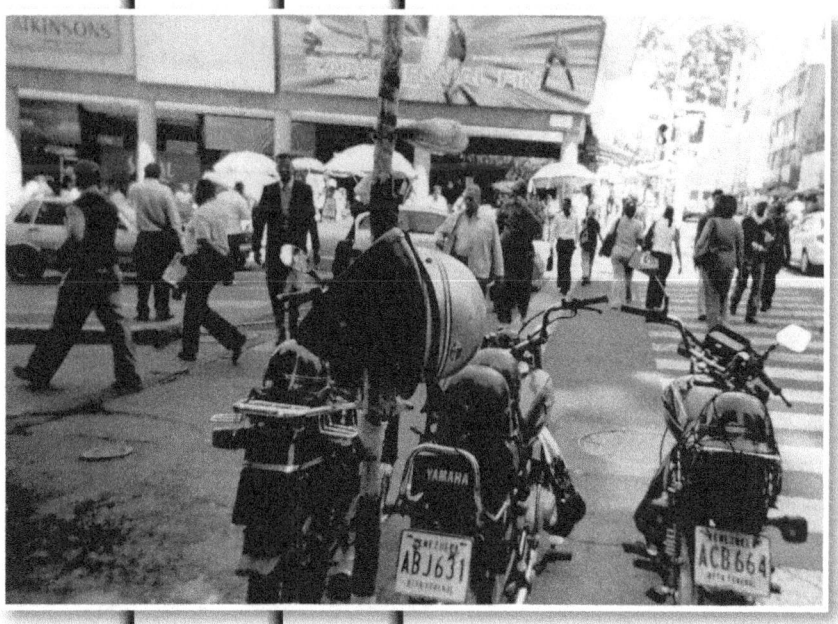

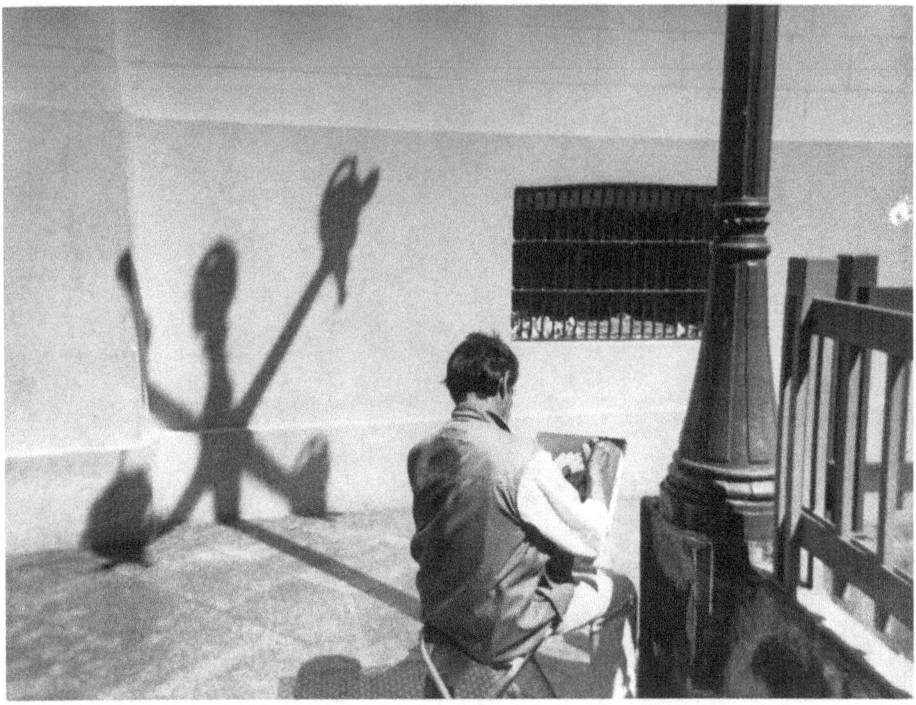

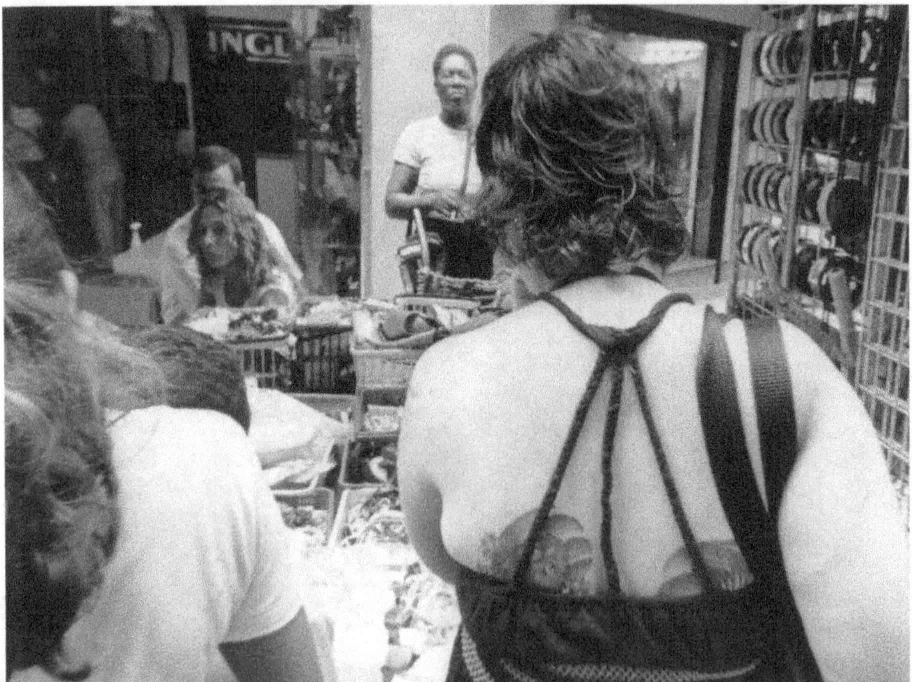
INGL

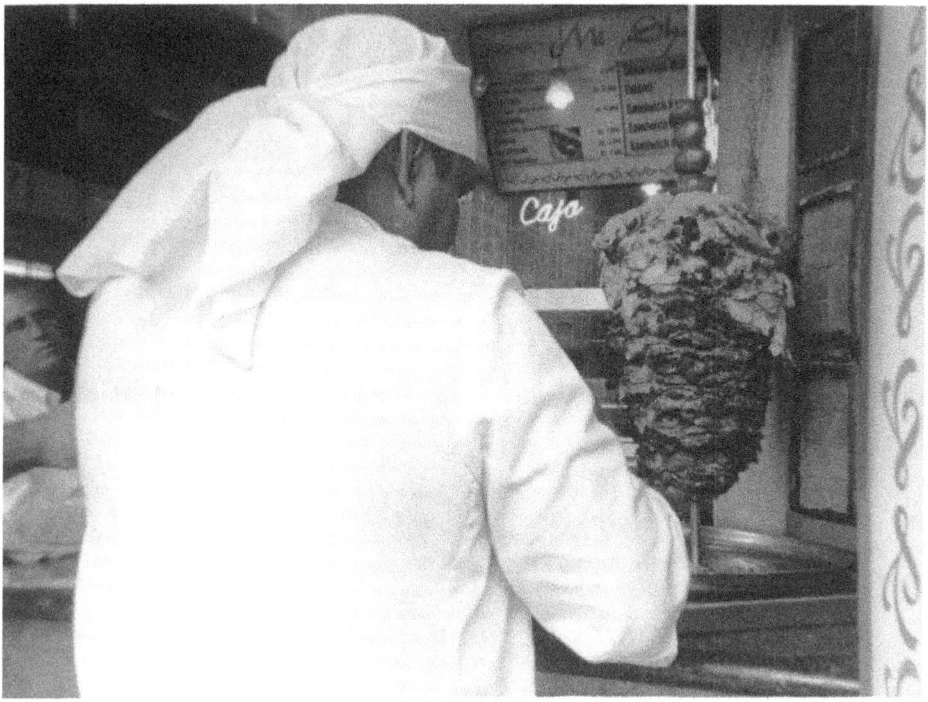

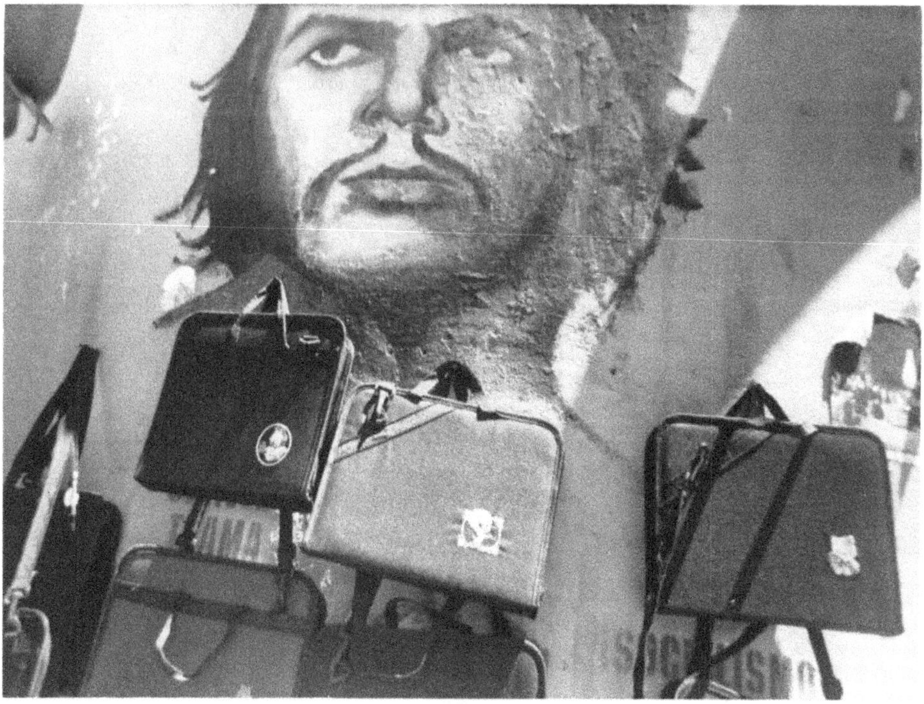

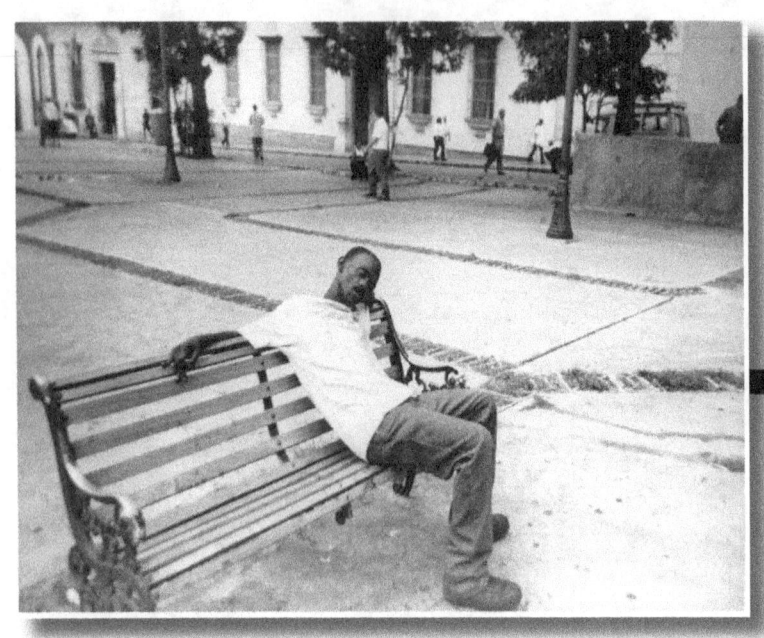

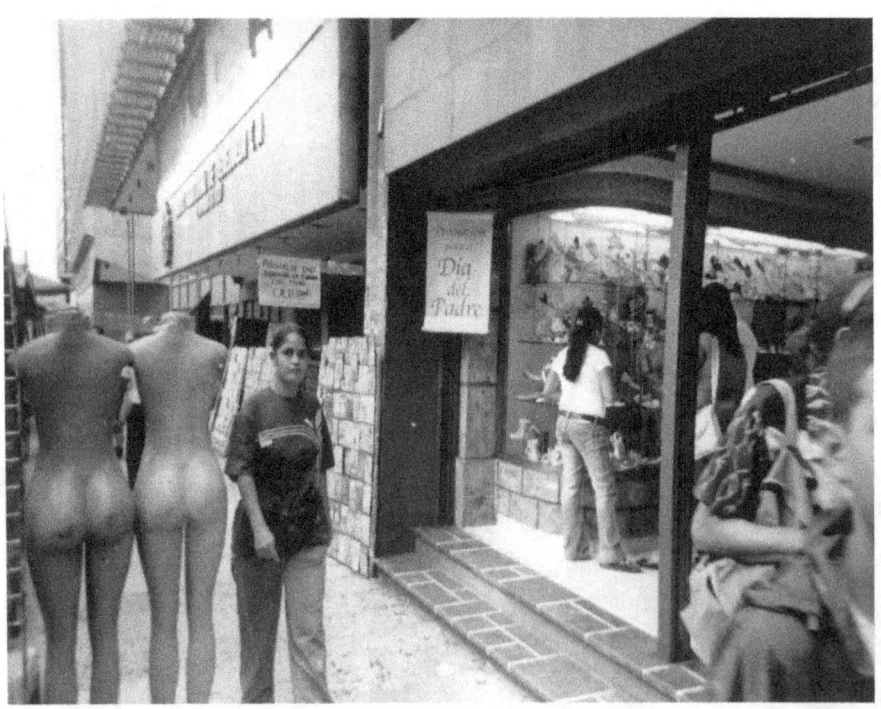

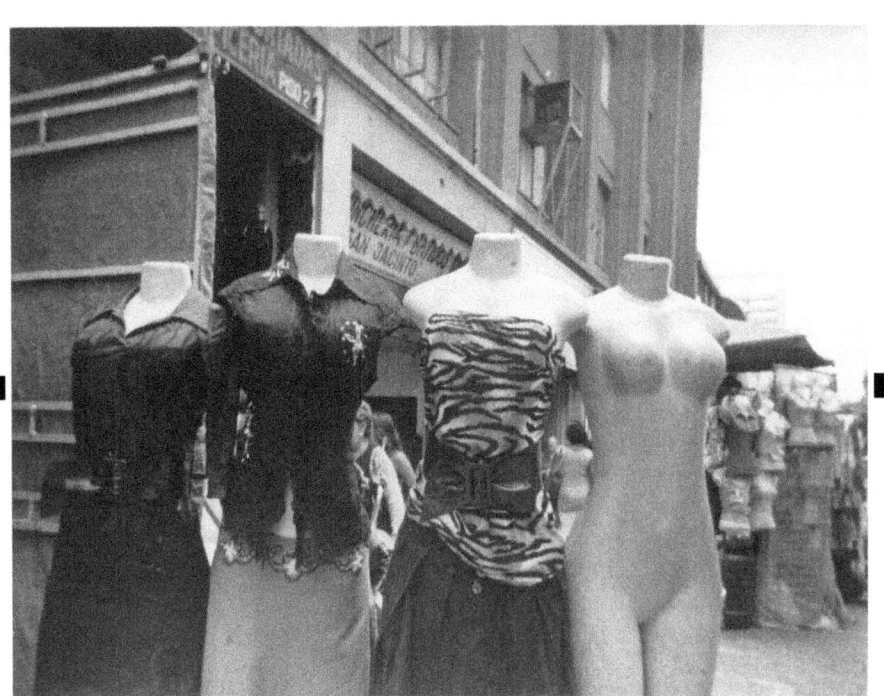

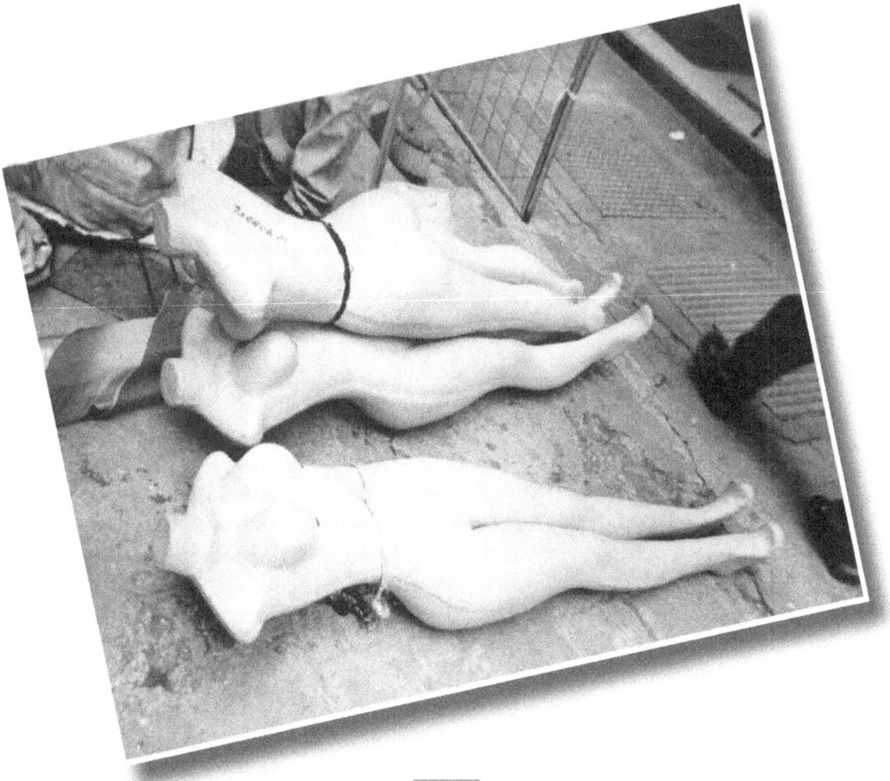

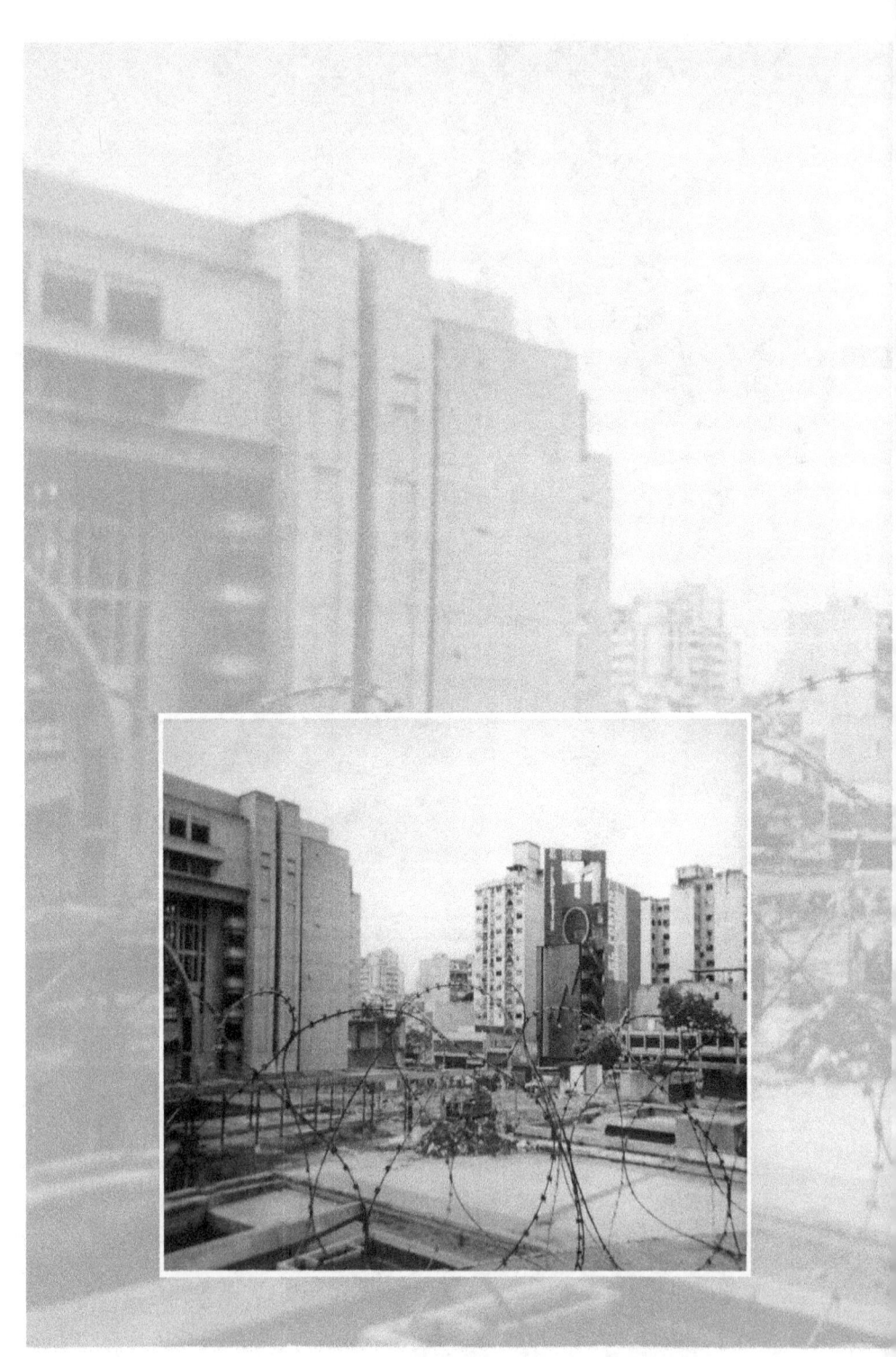

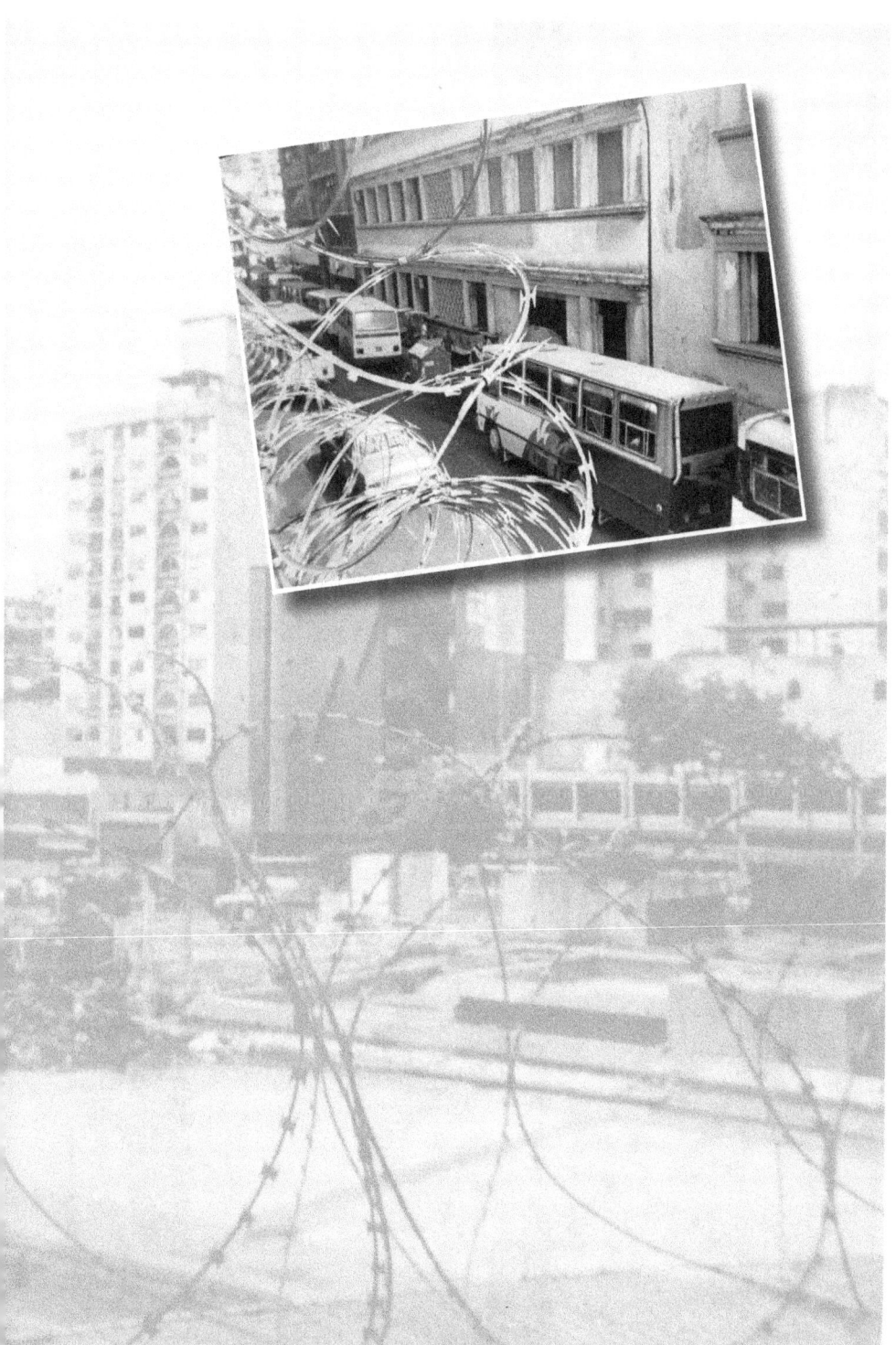

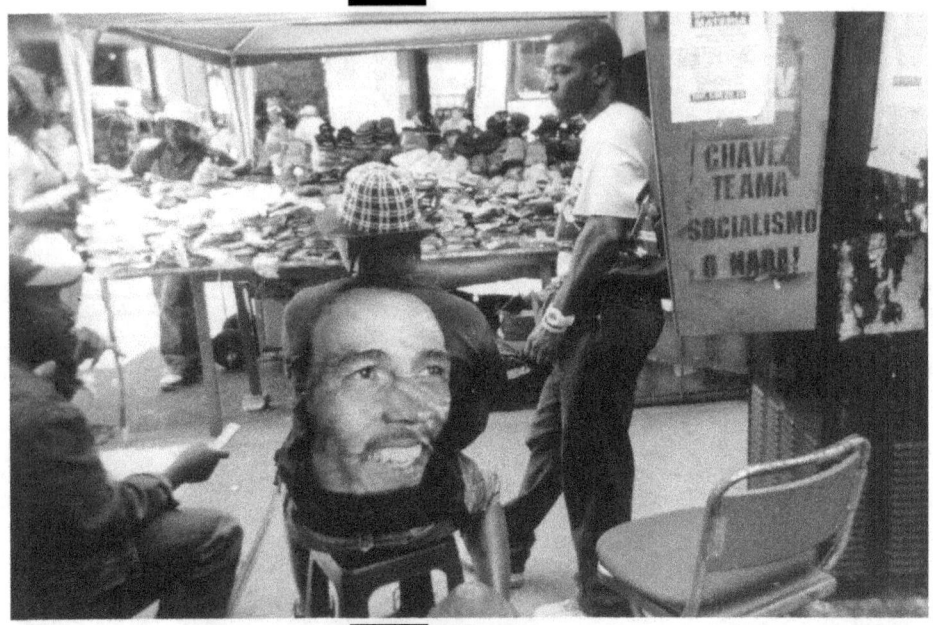

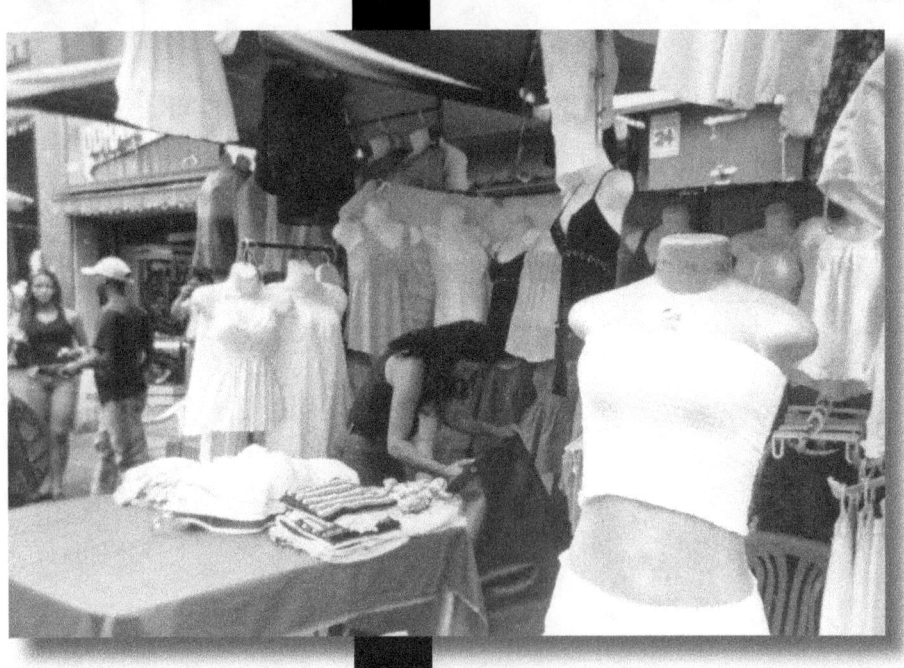

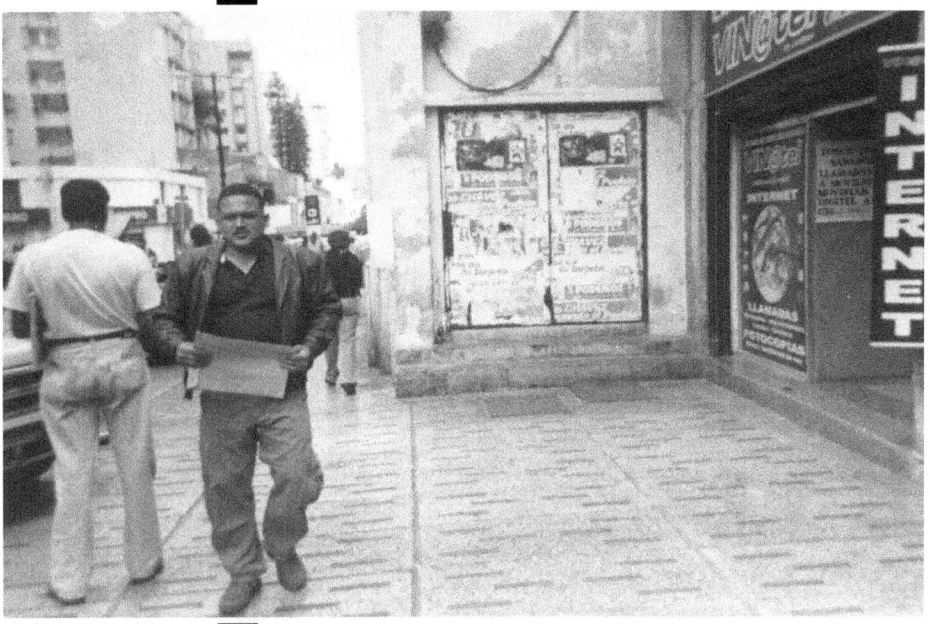

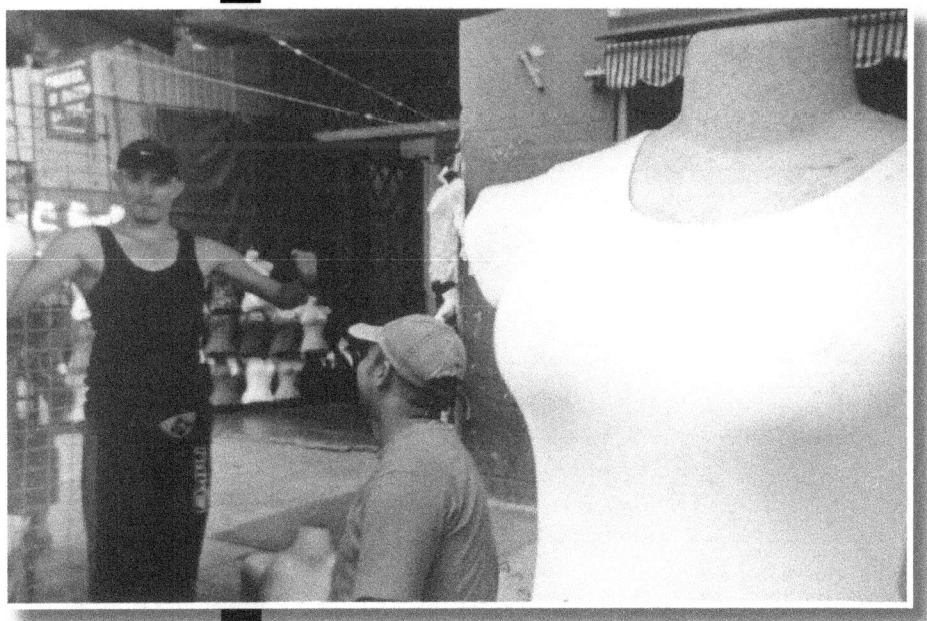

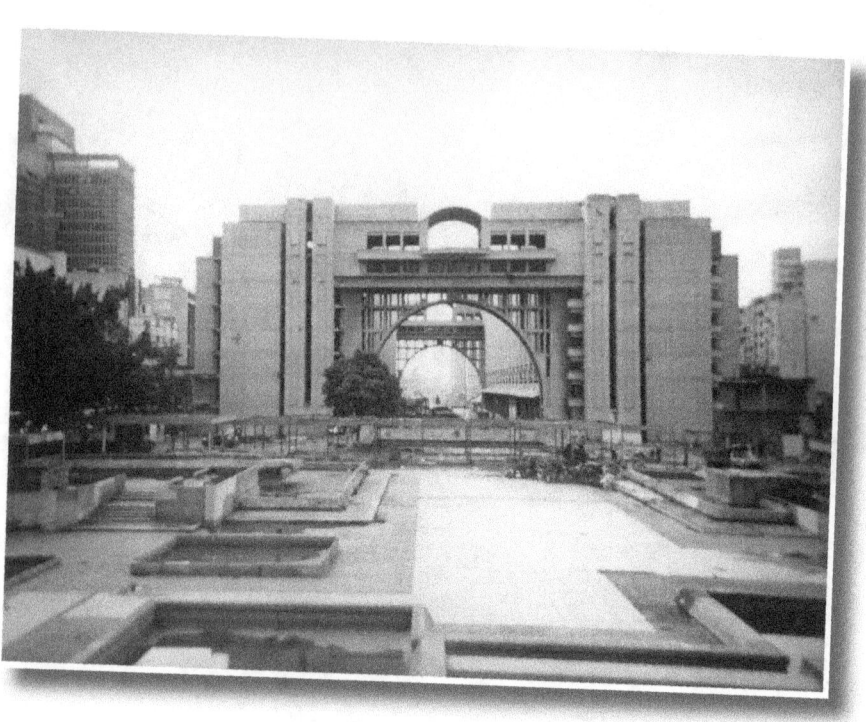

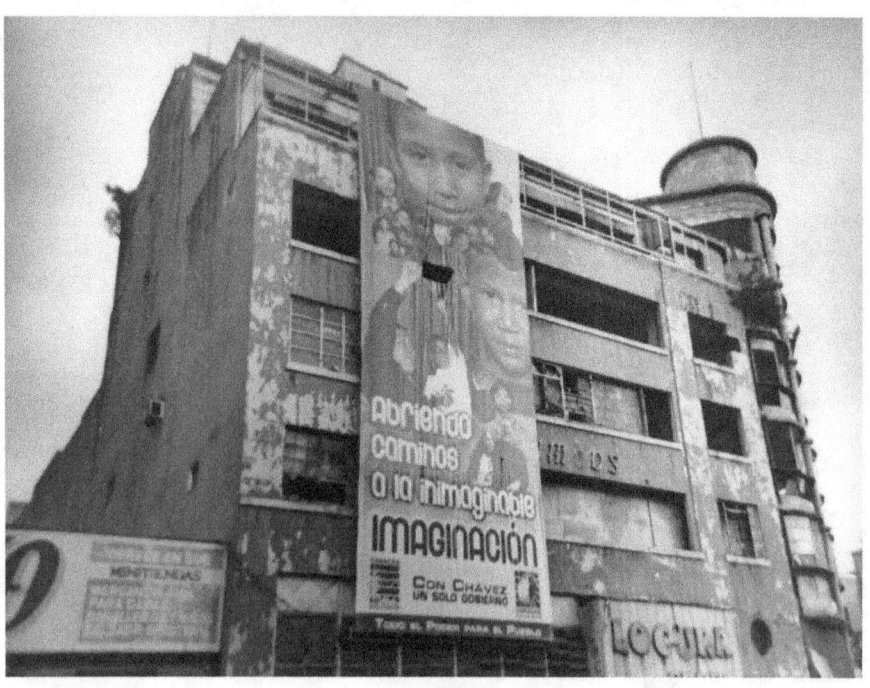

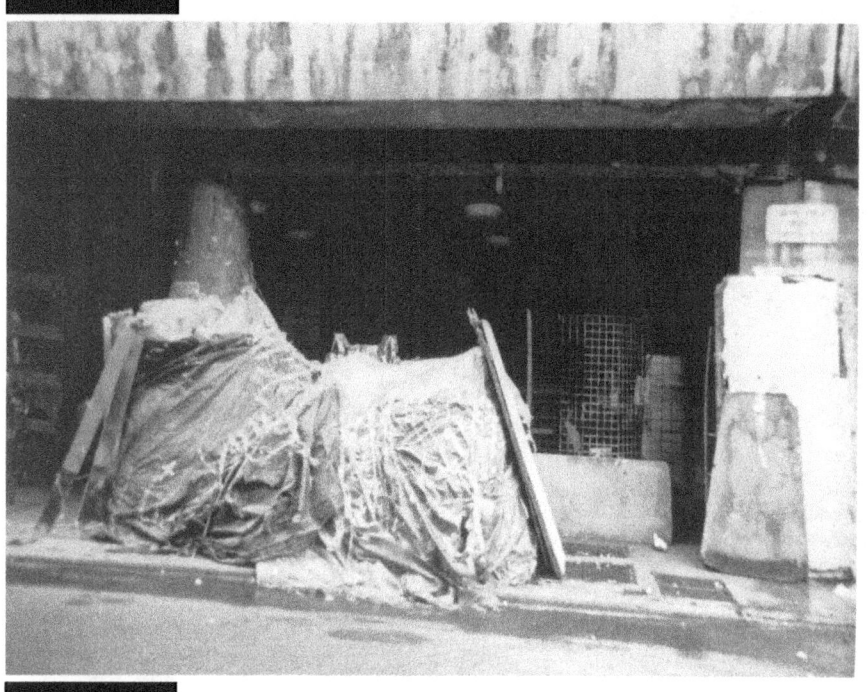

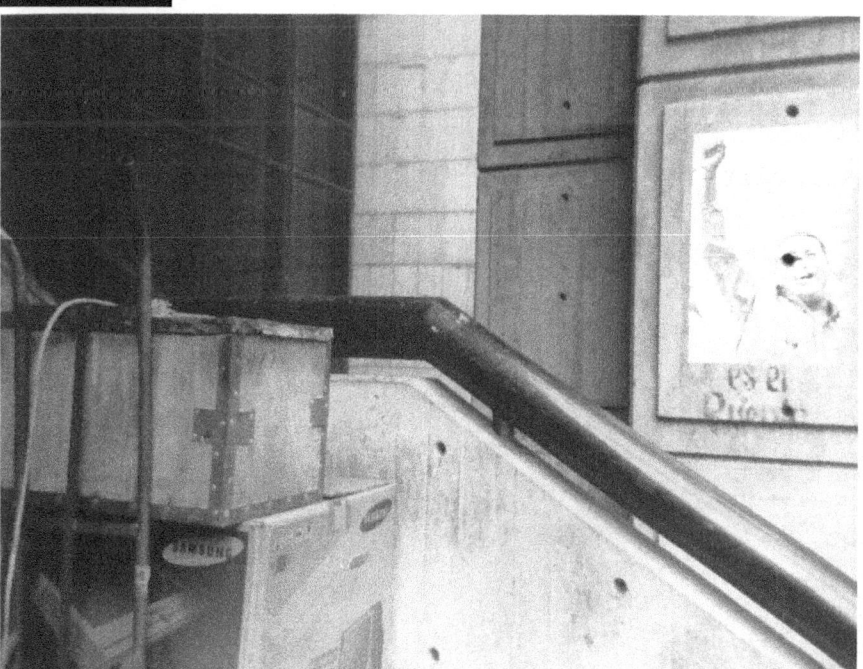

119

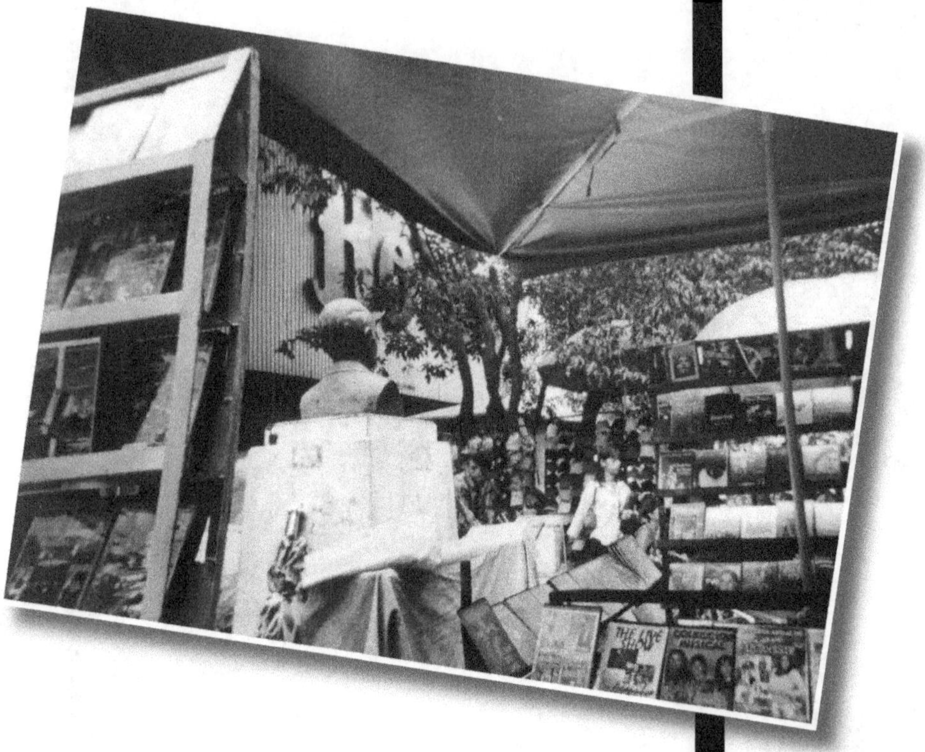

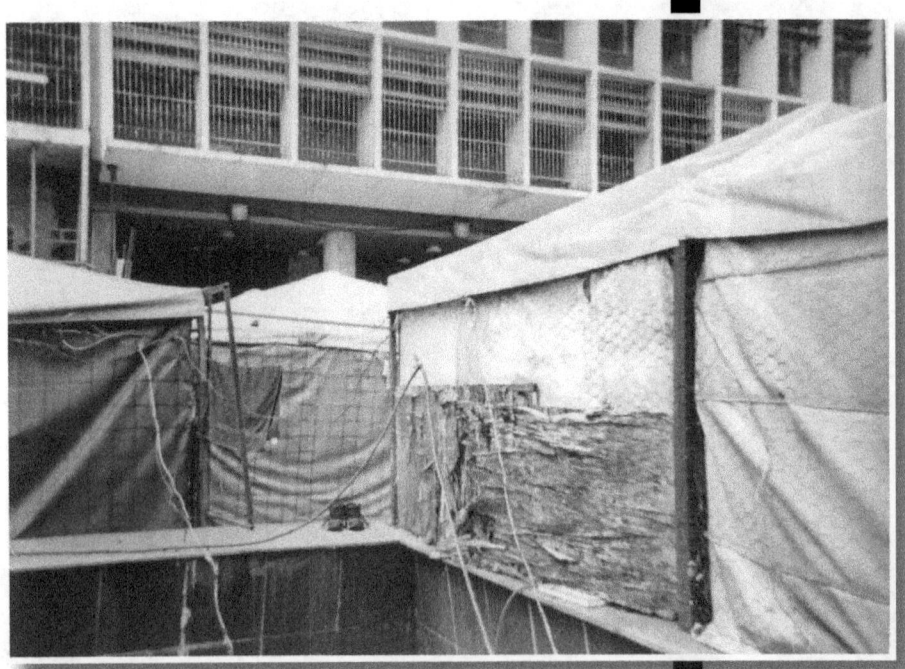

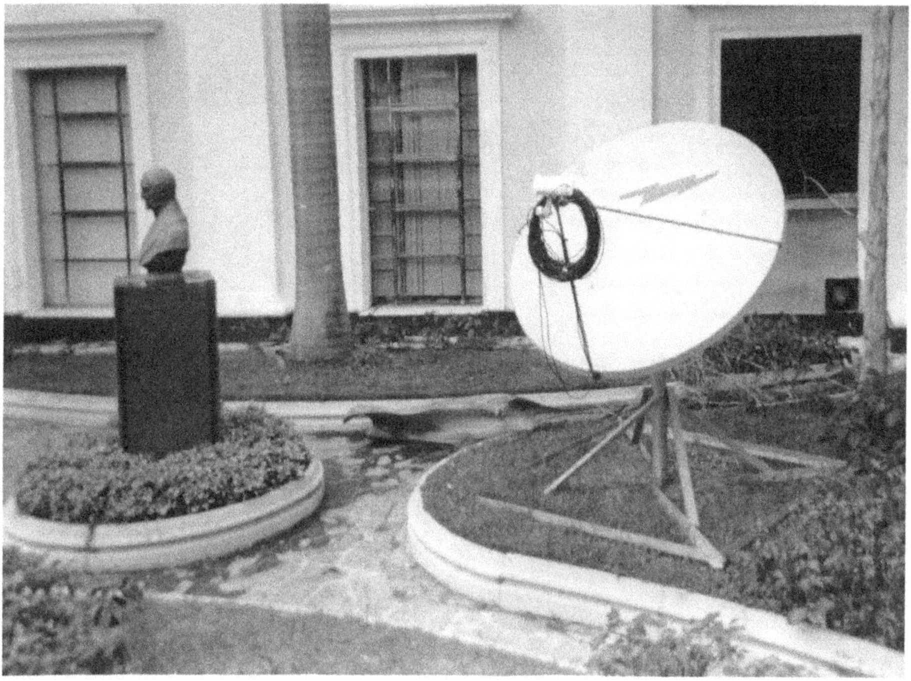

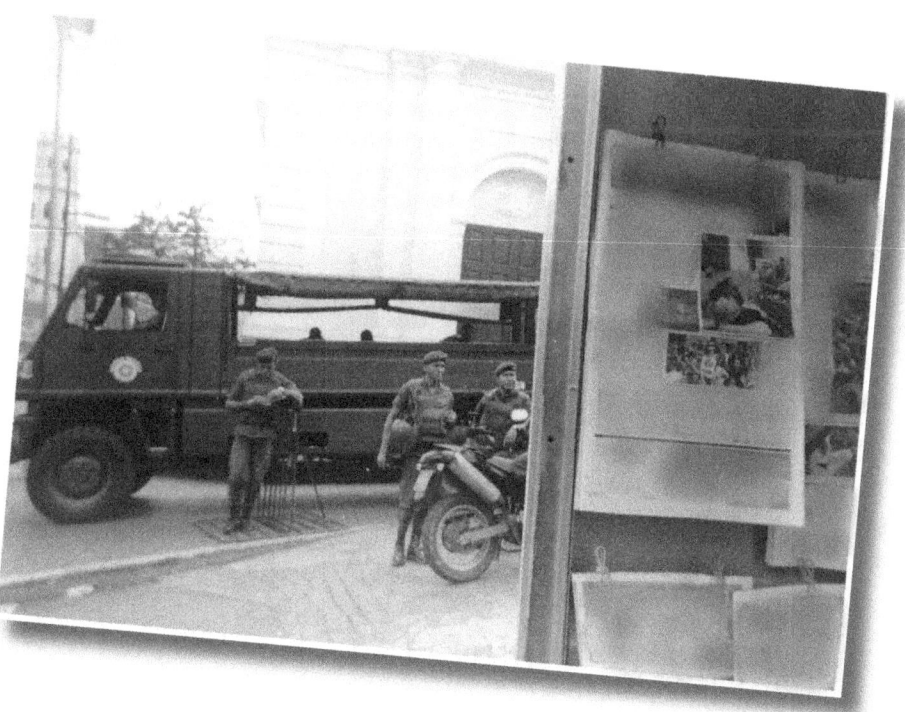

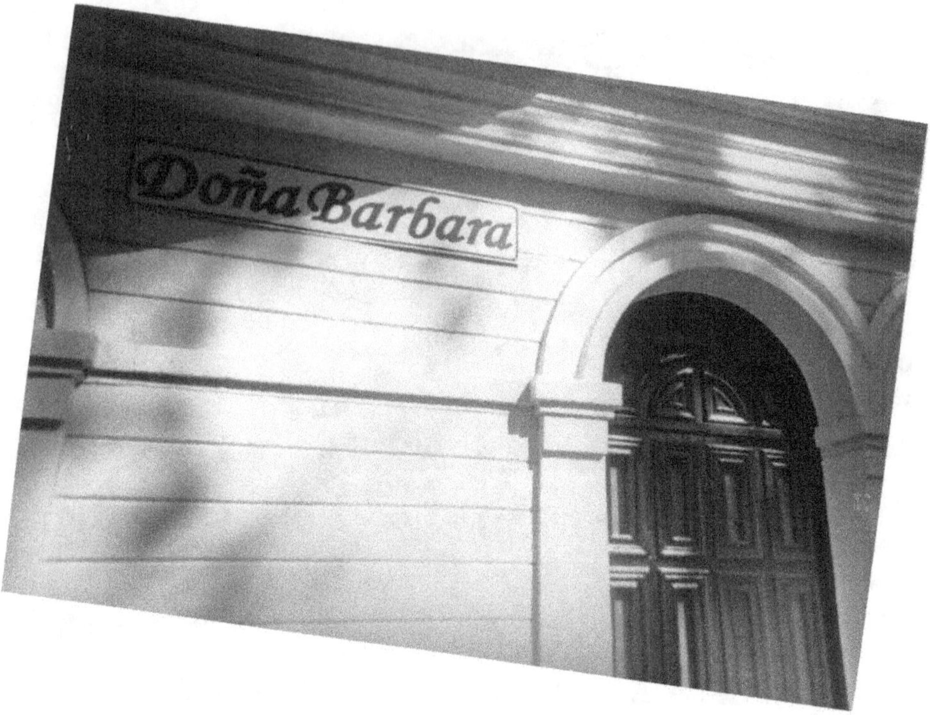

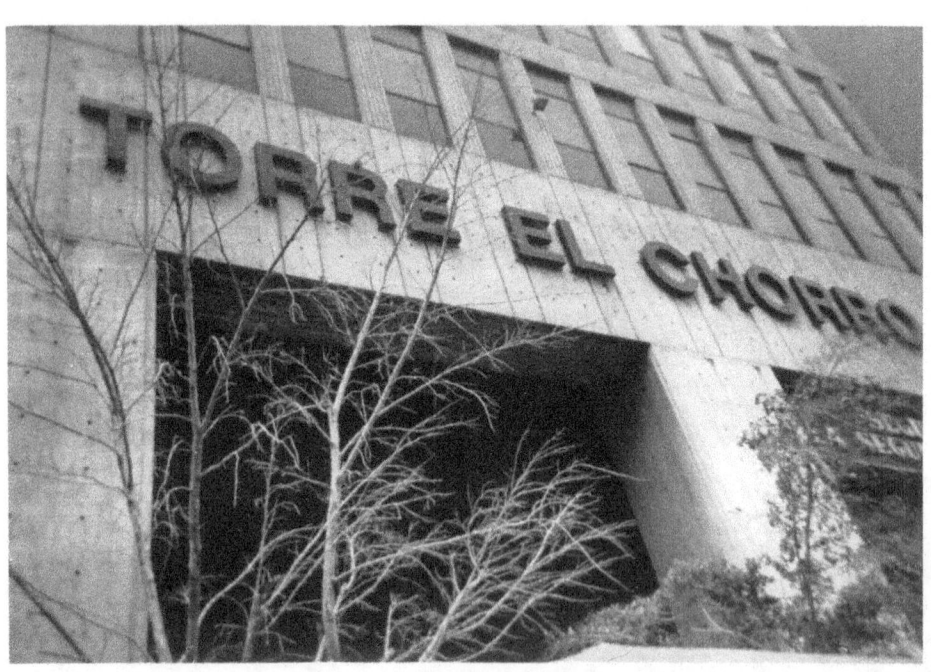

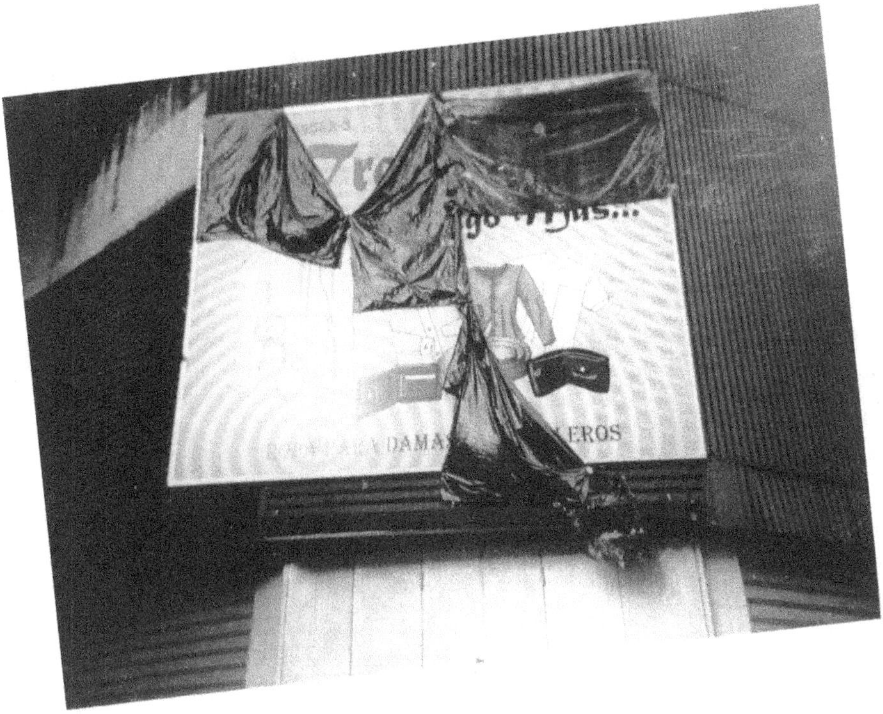

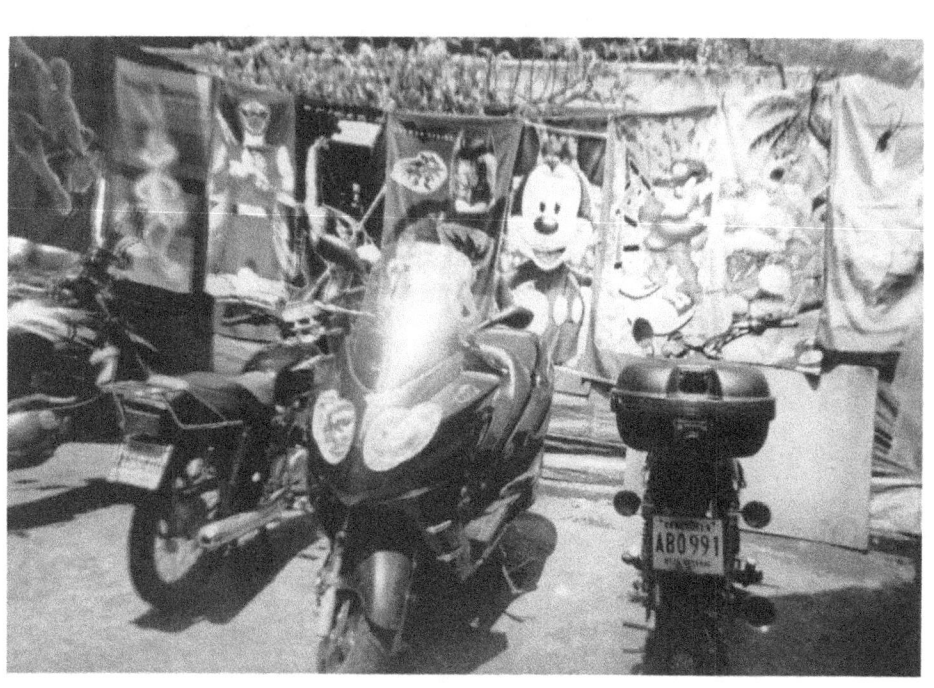

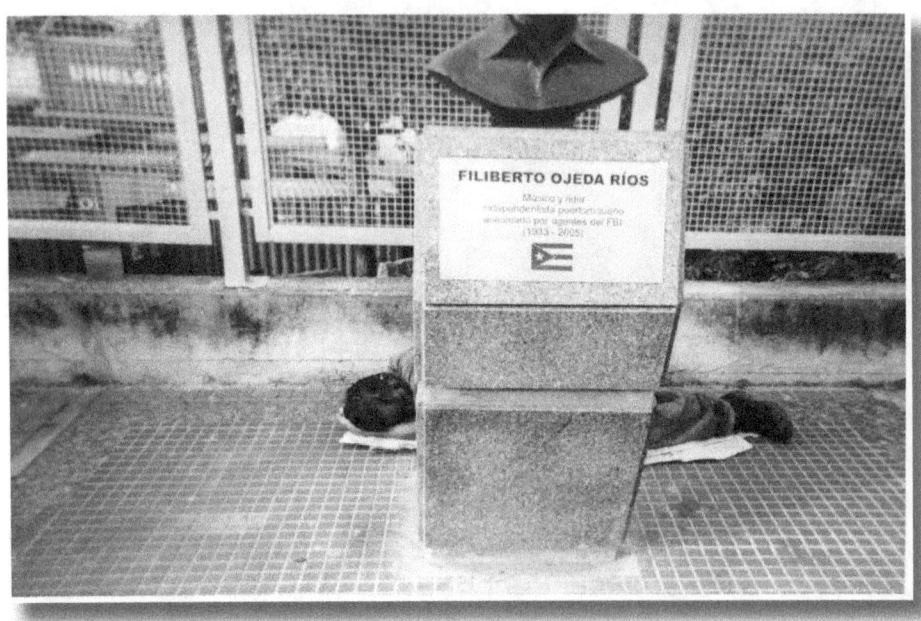

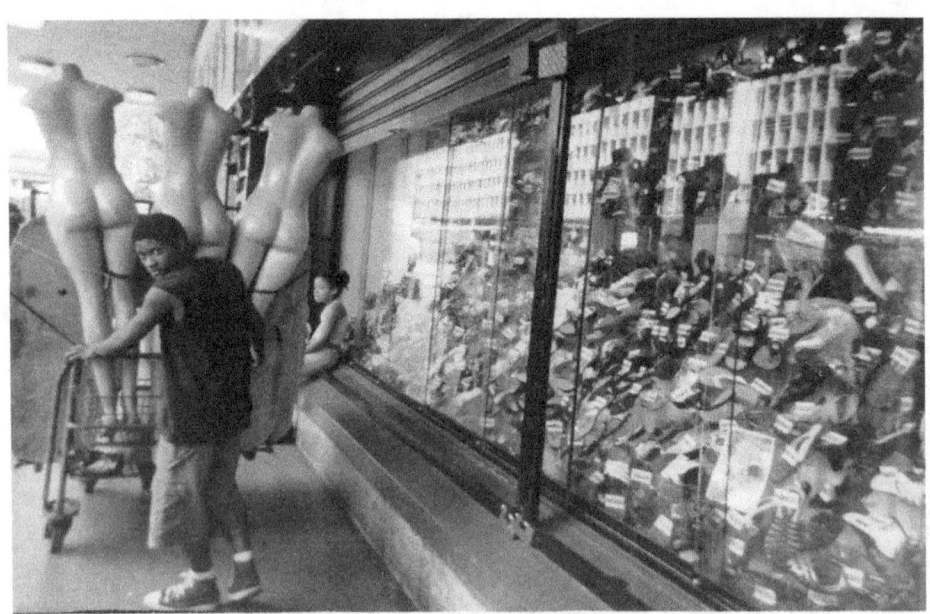

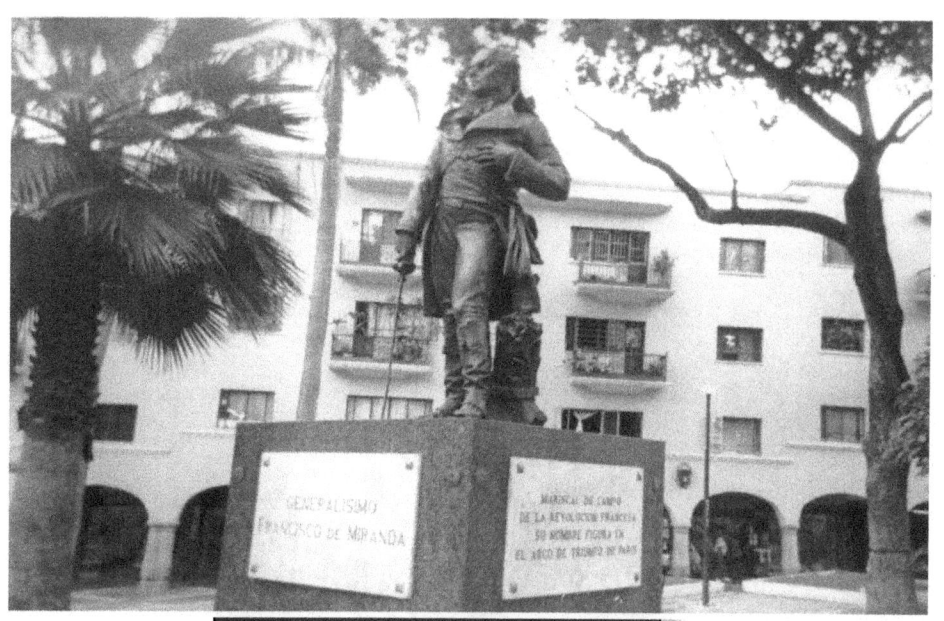

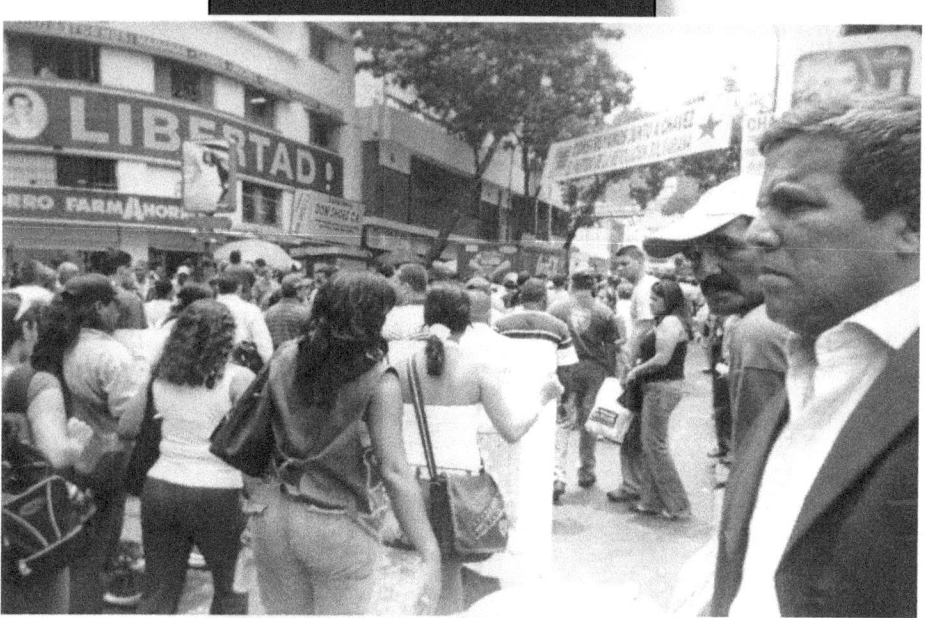

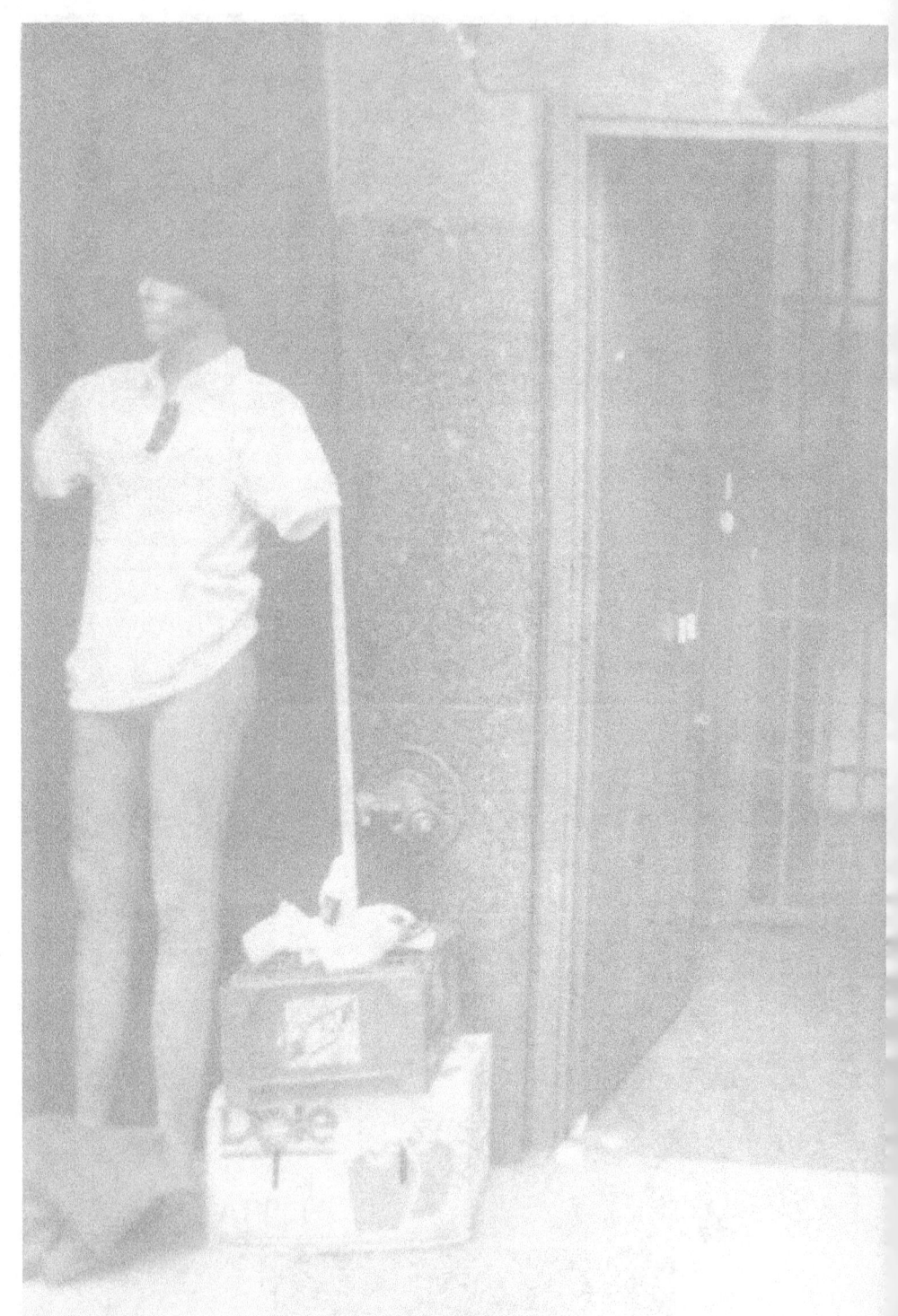

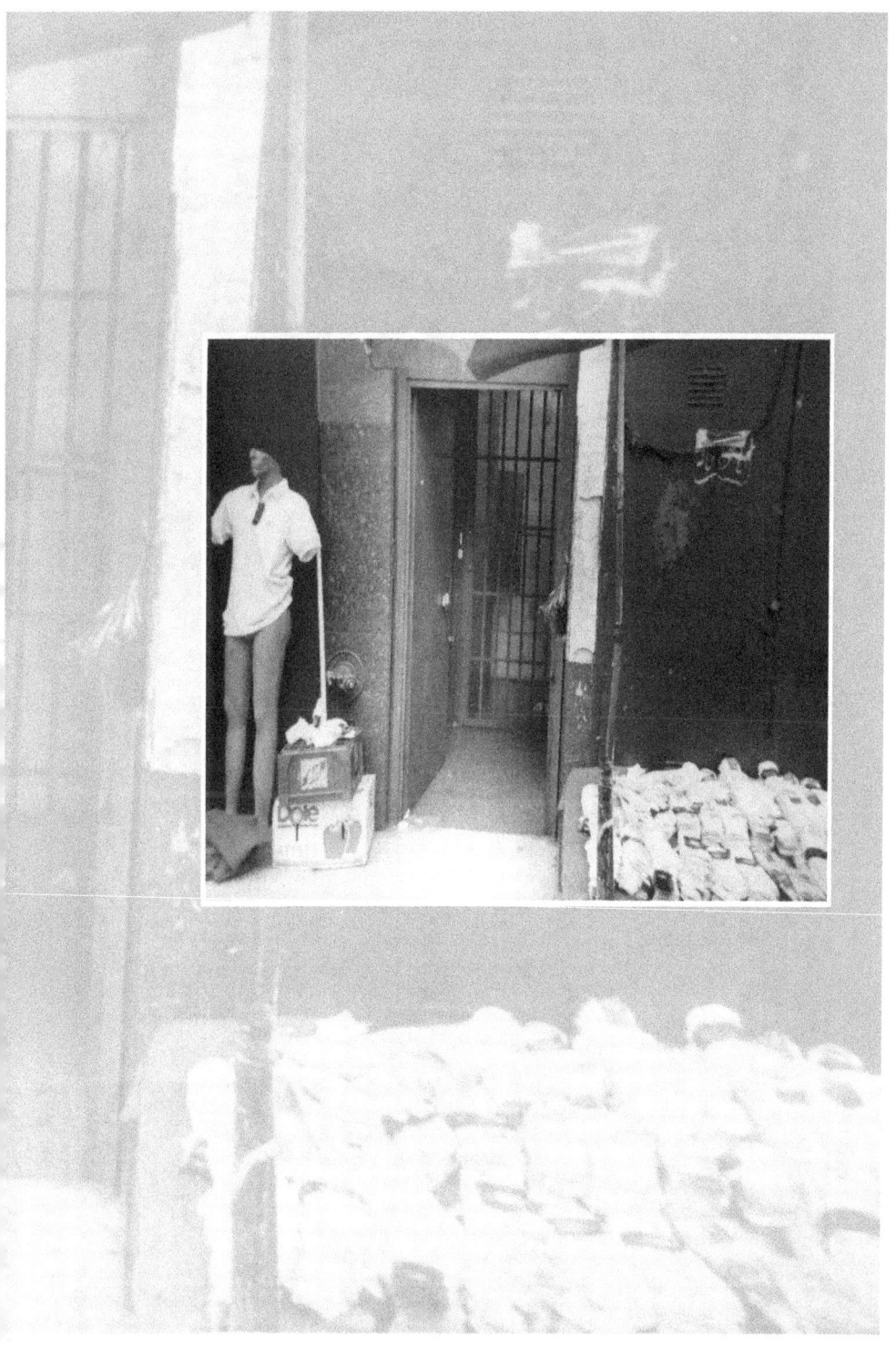

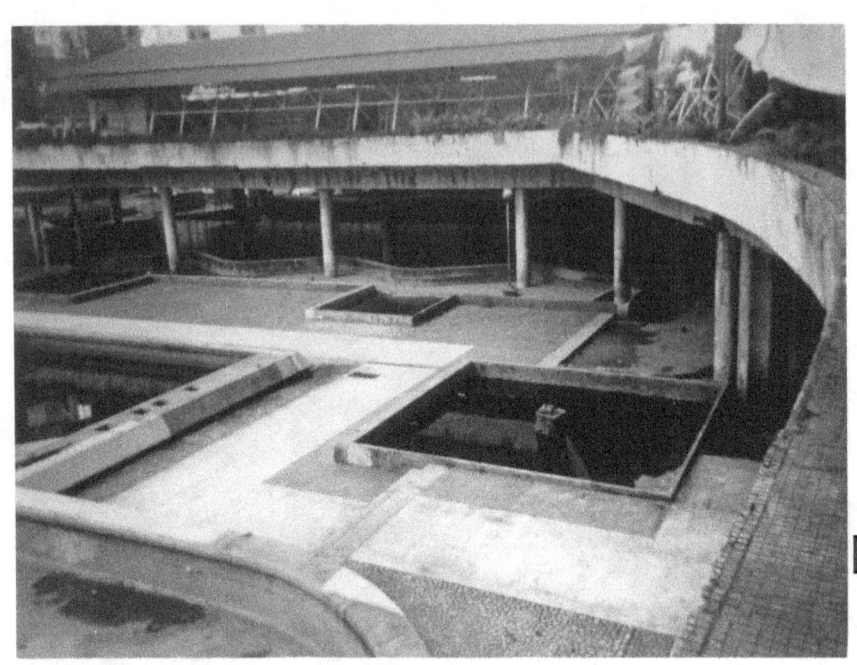

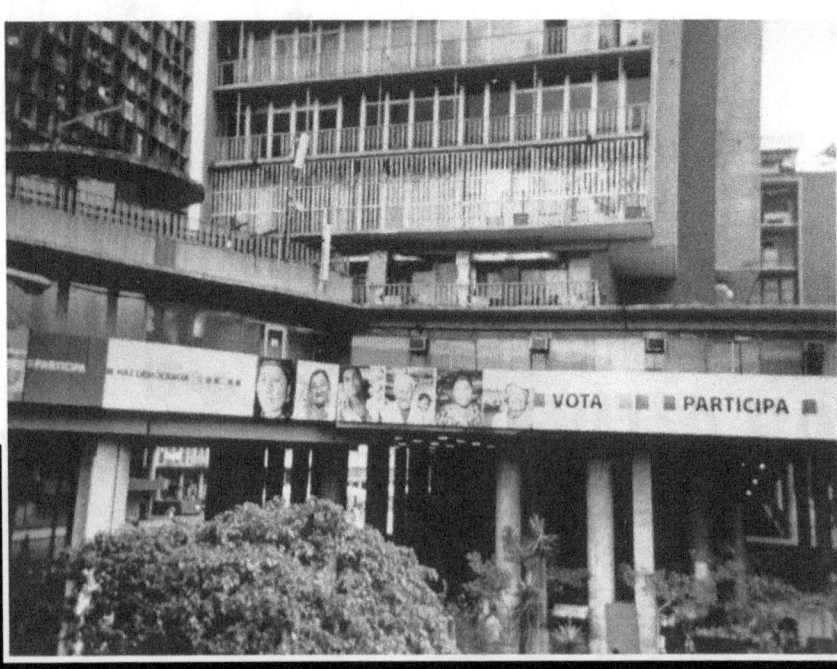

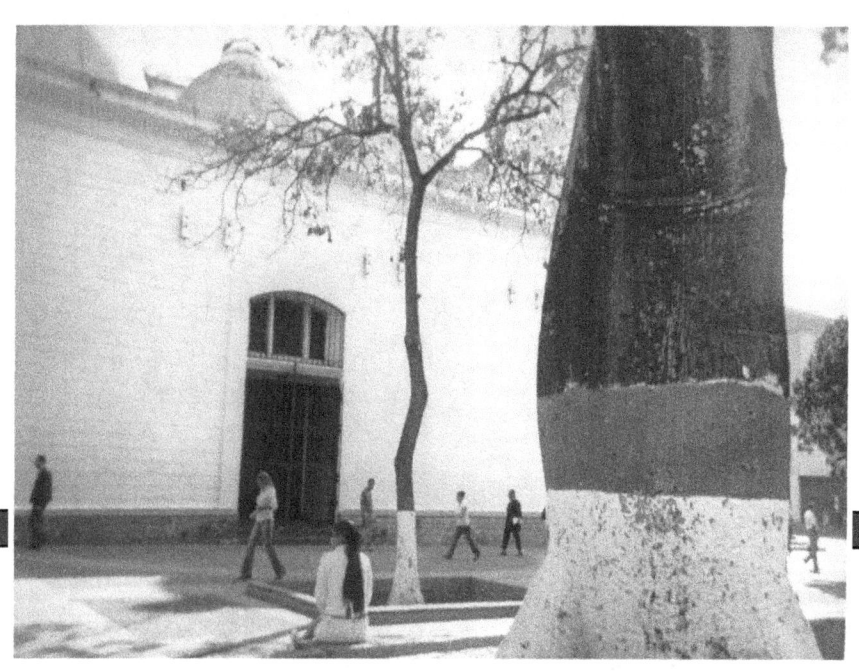

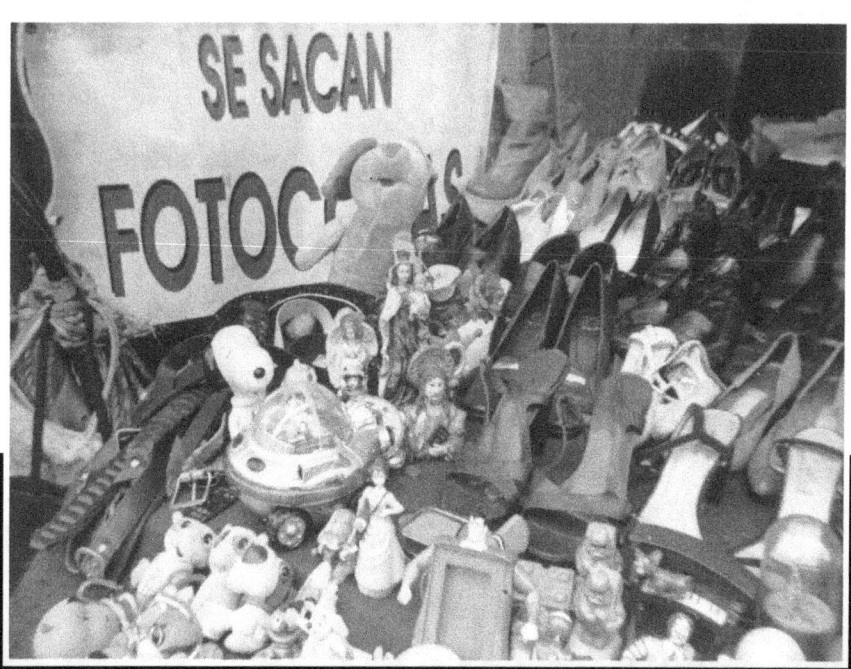

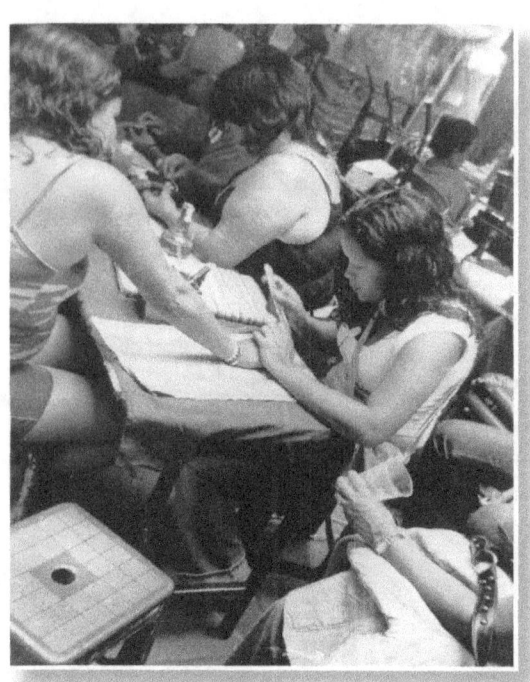

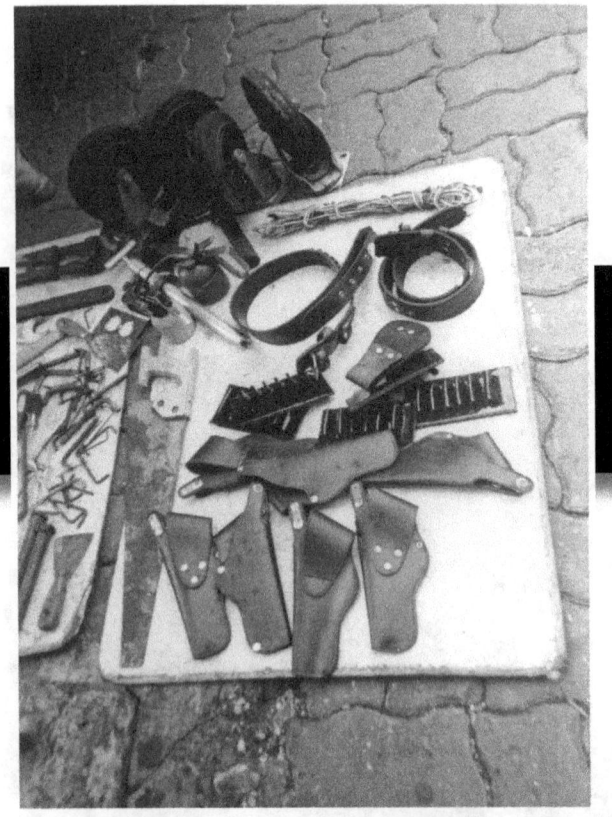

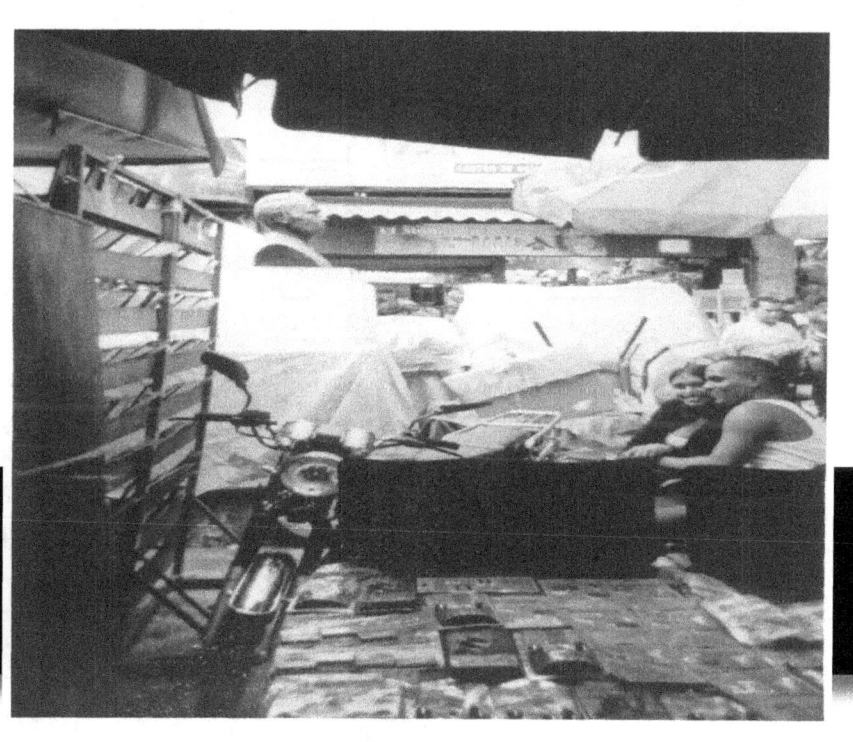

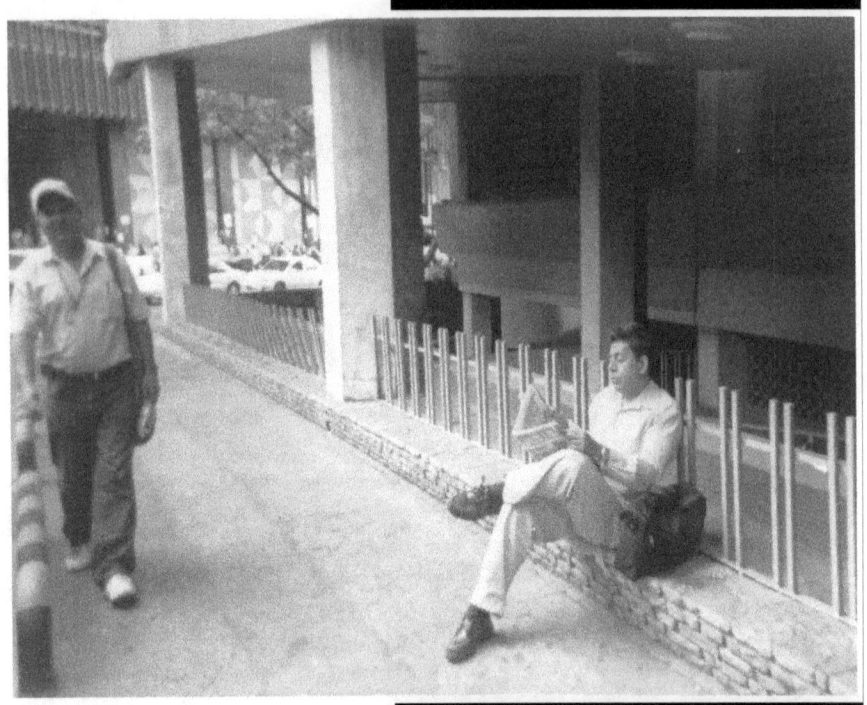

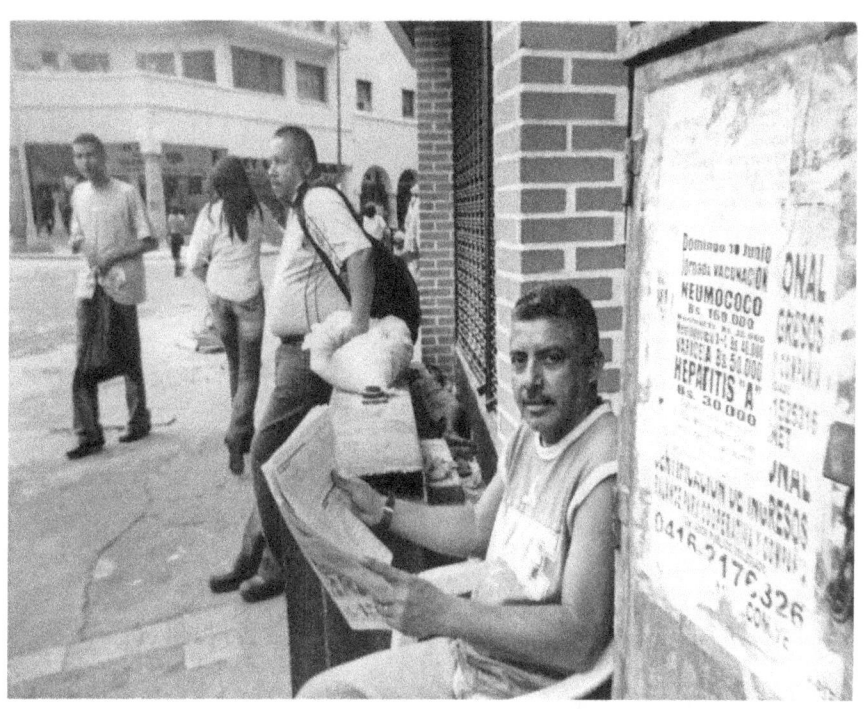

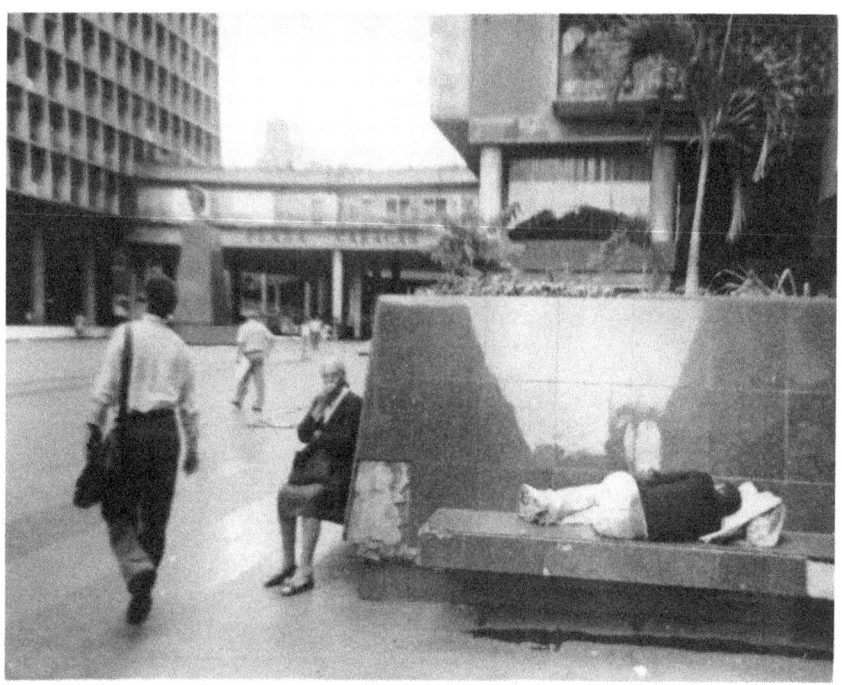

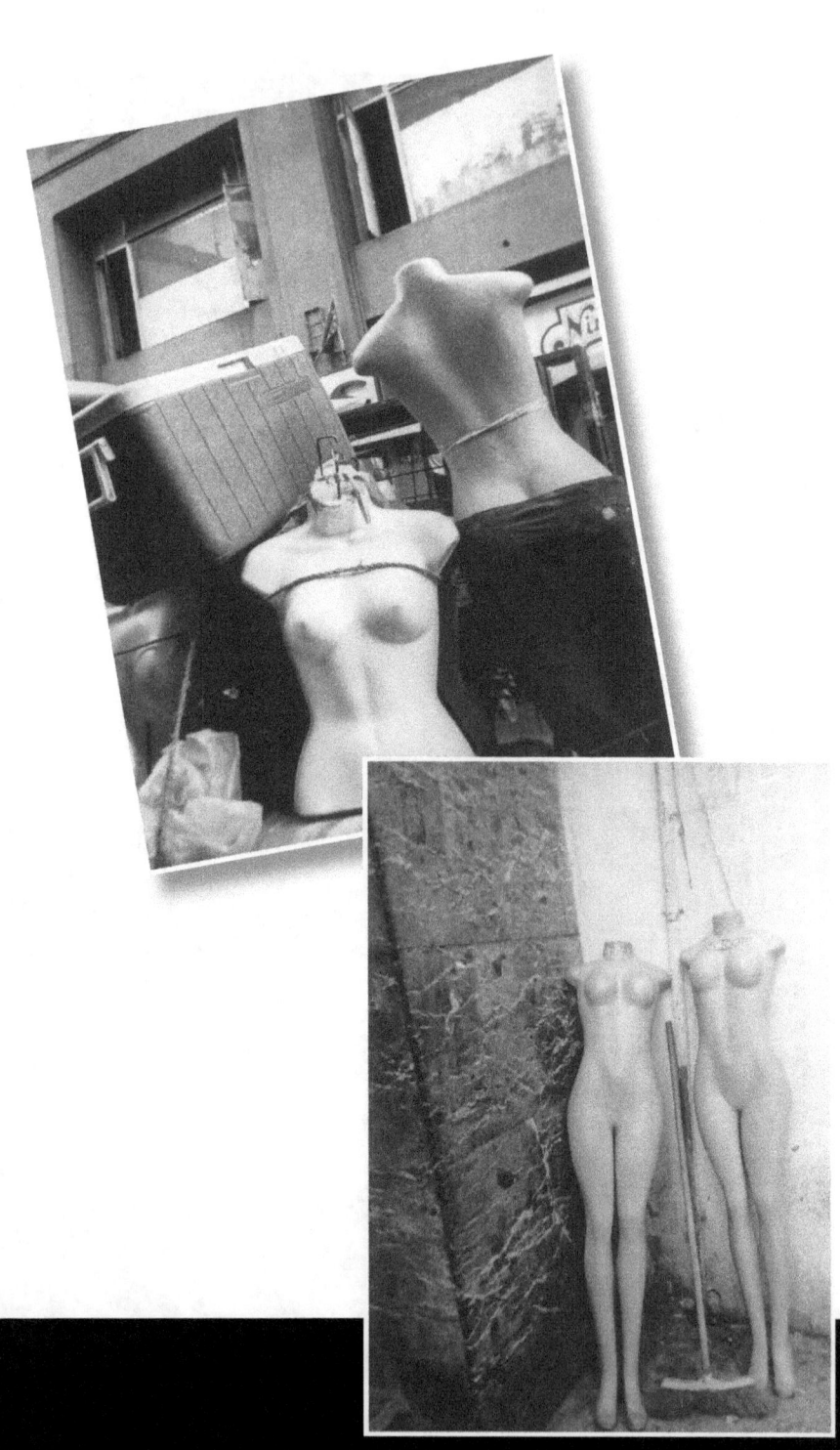

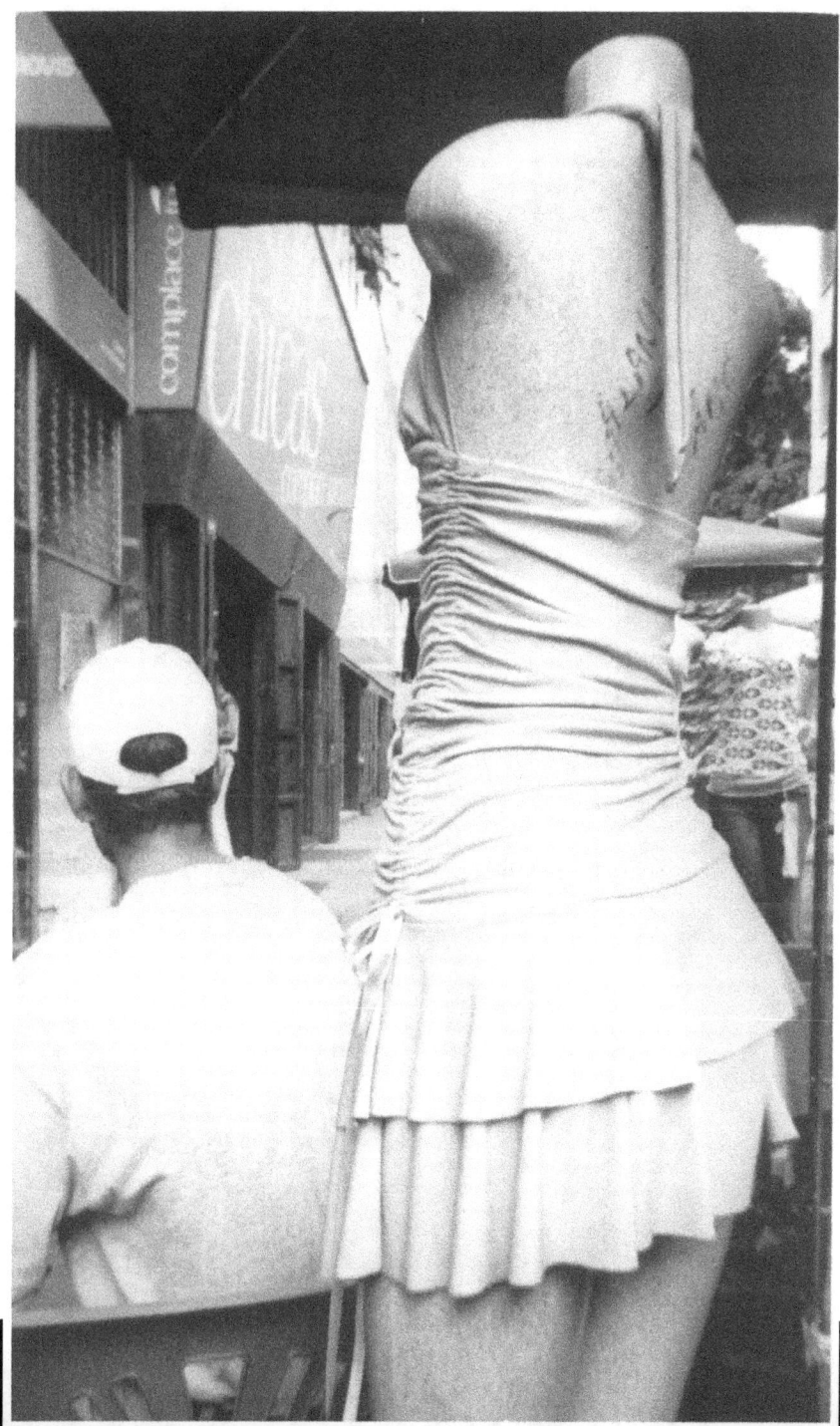

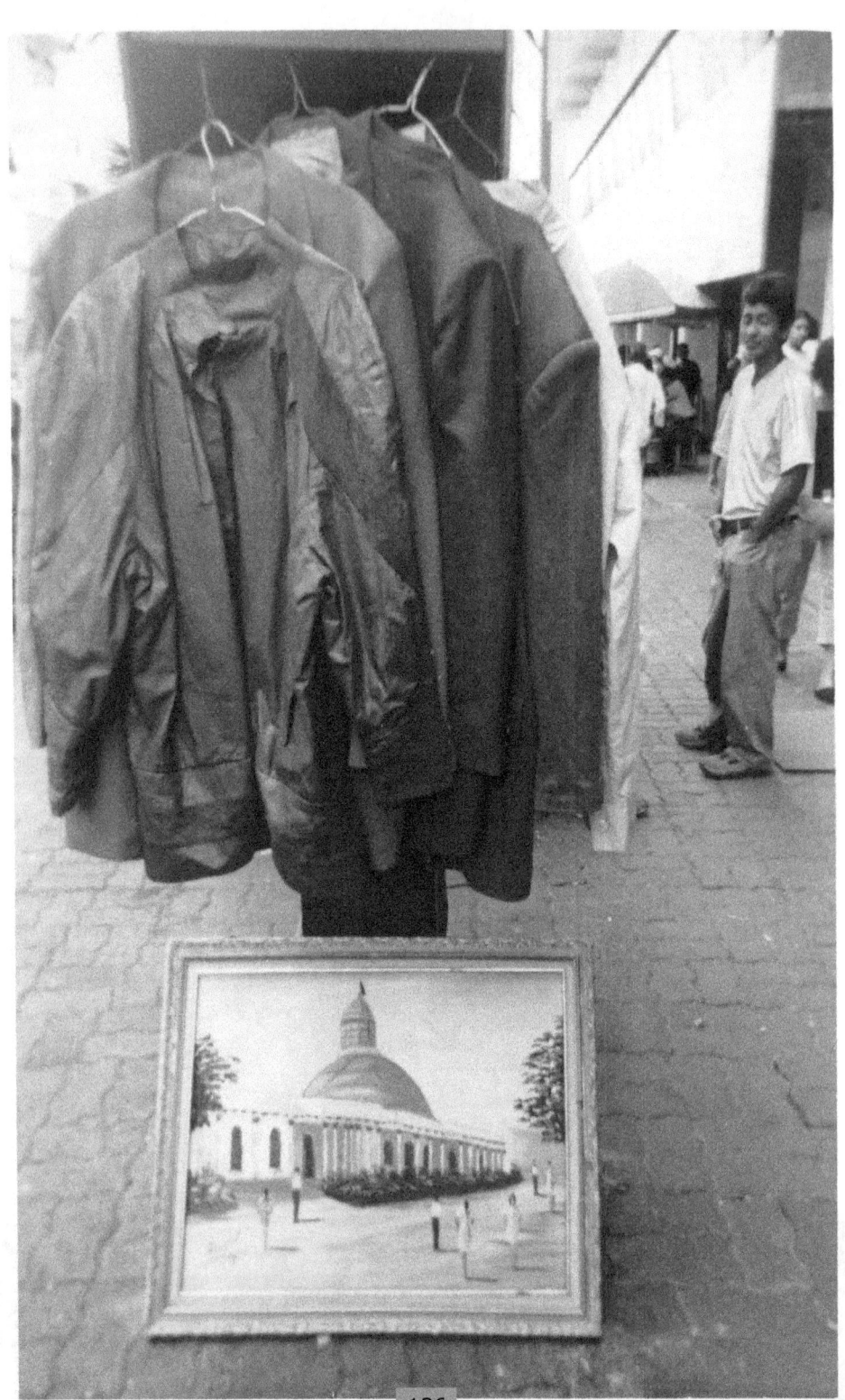

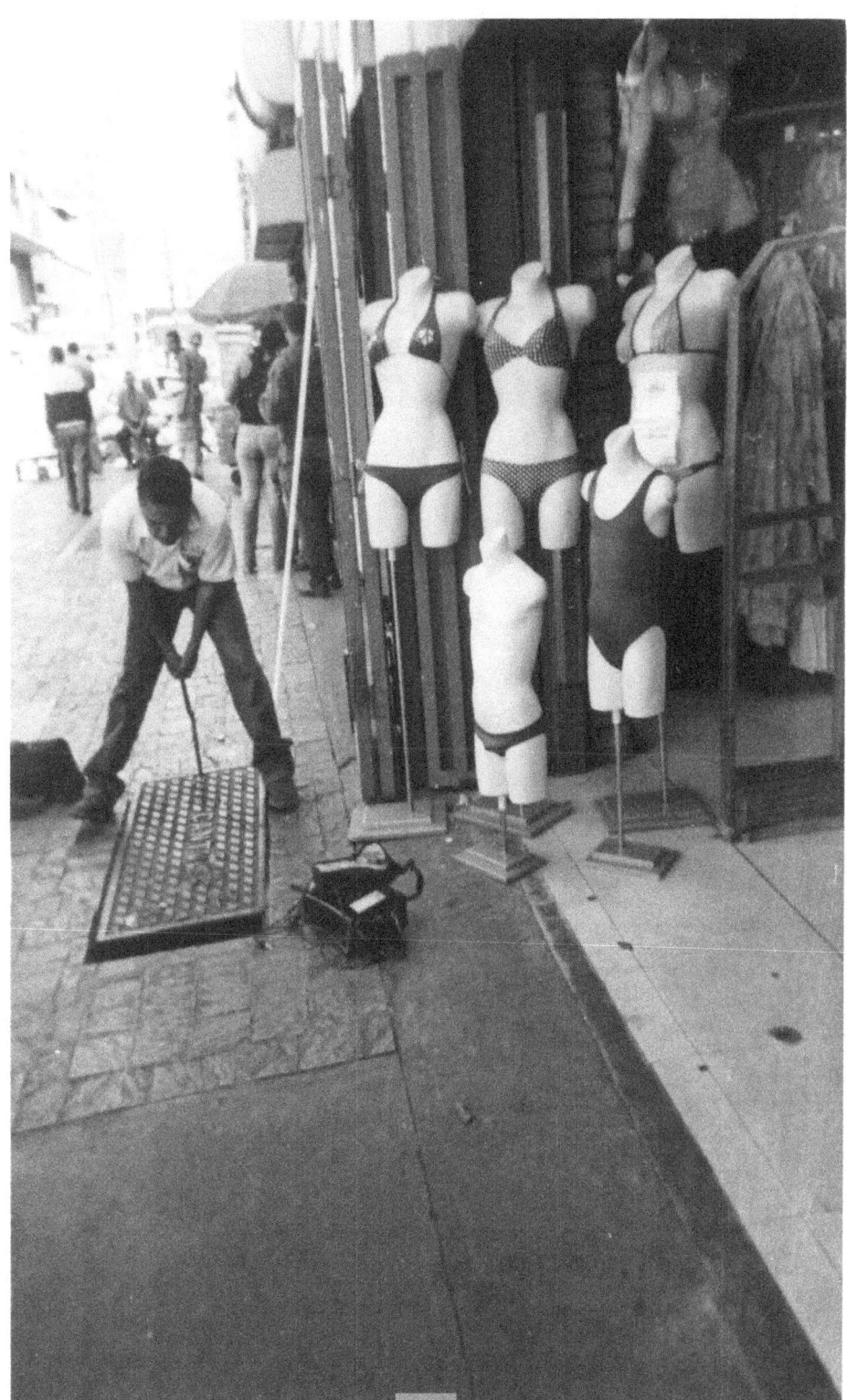

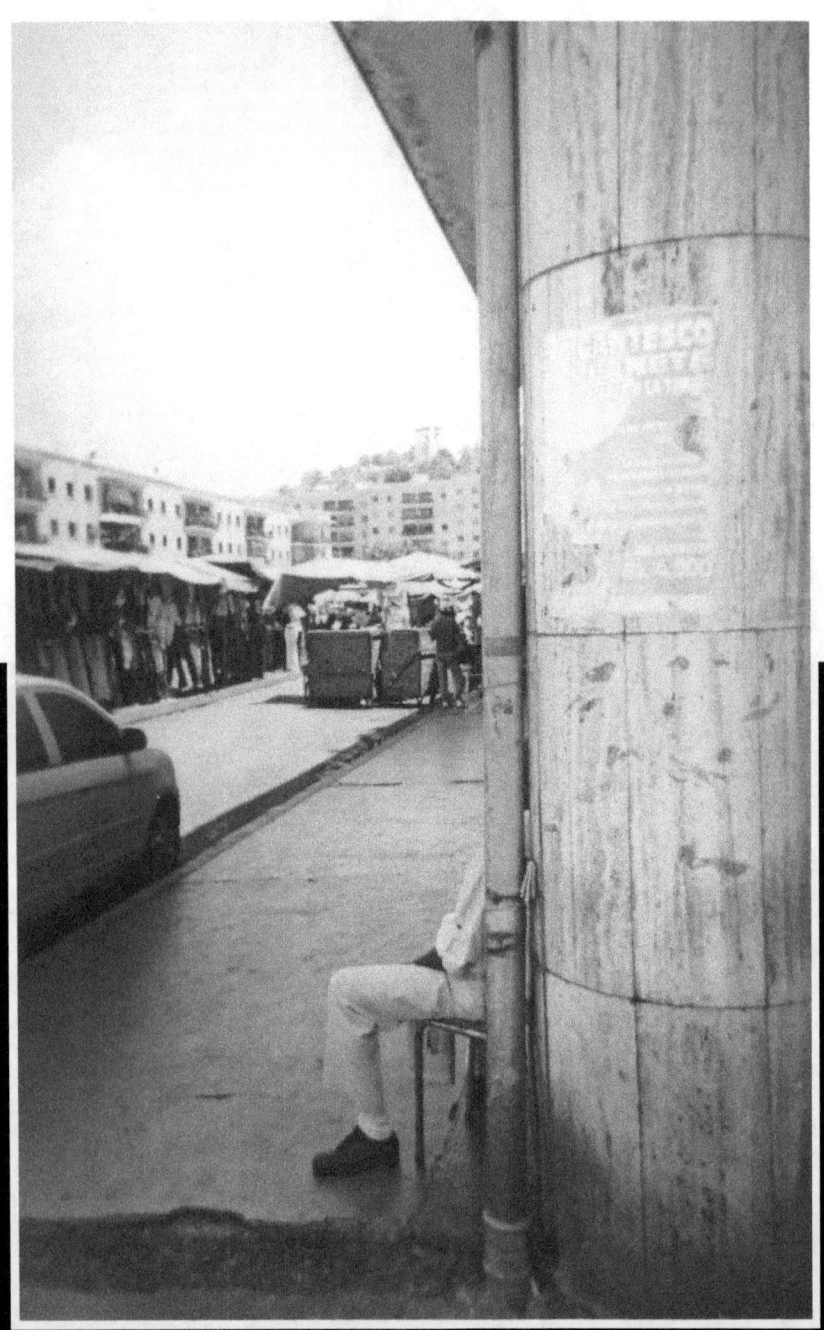

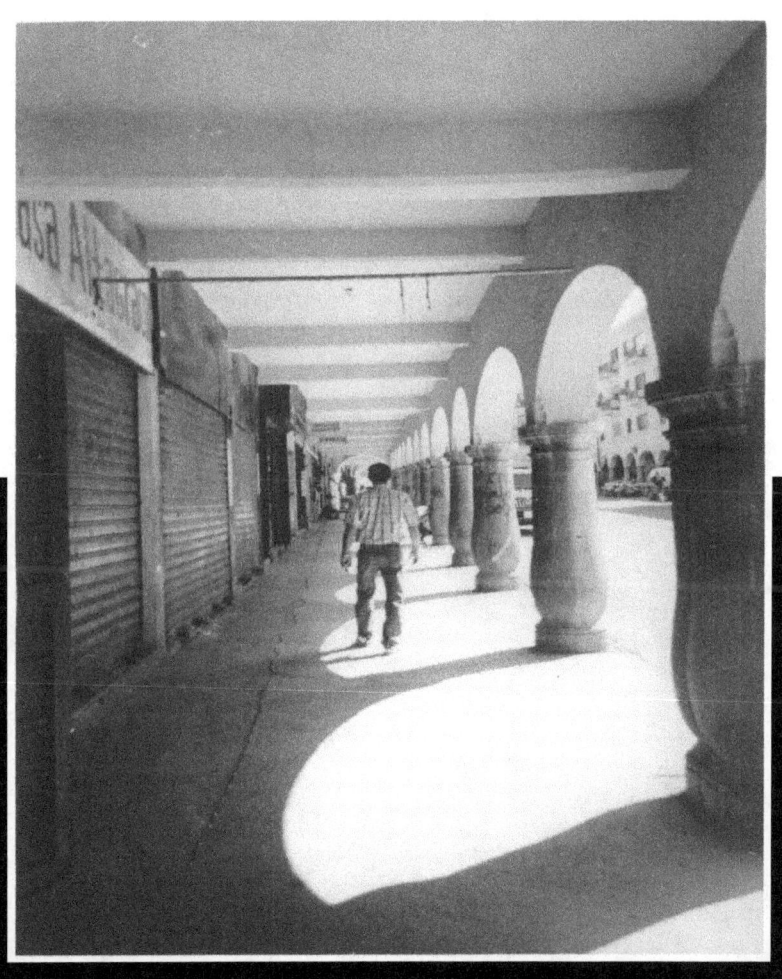

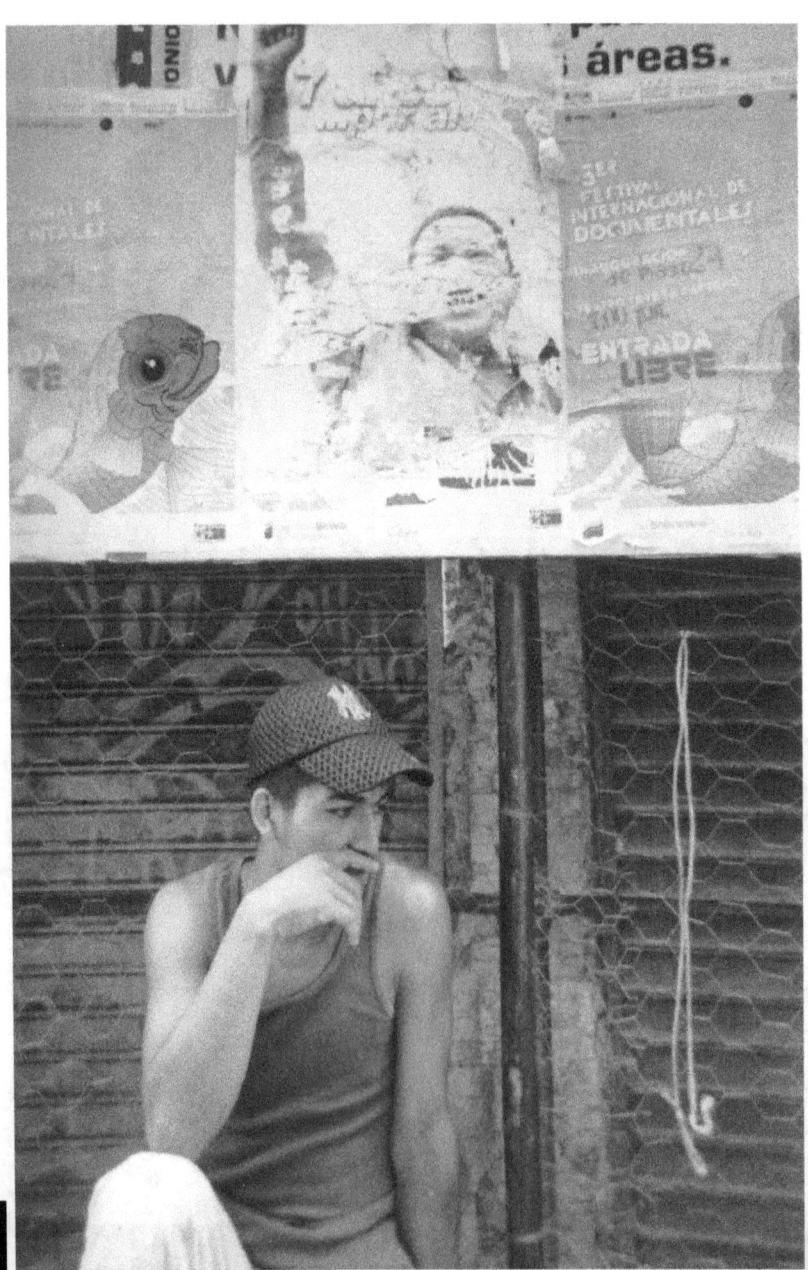

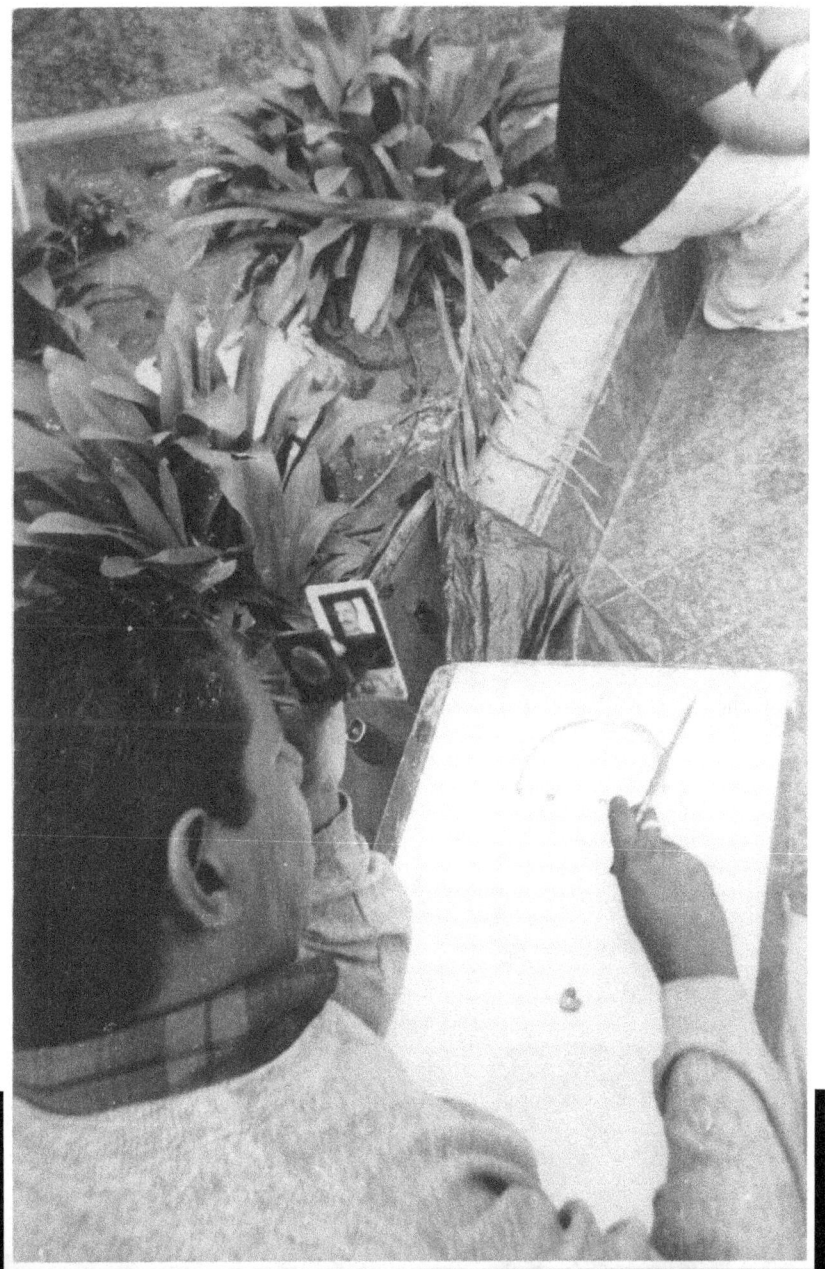

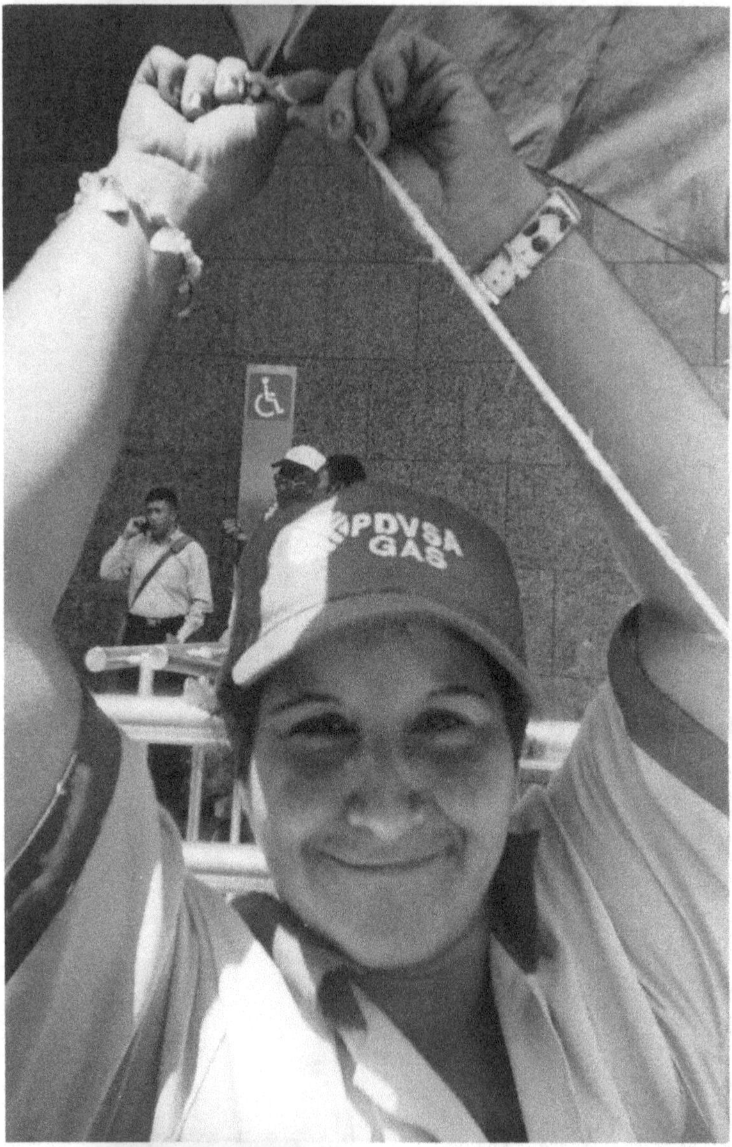

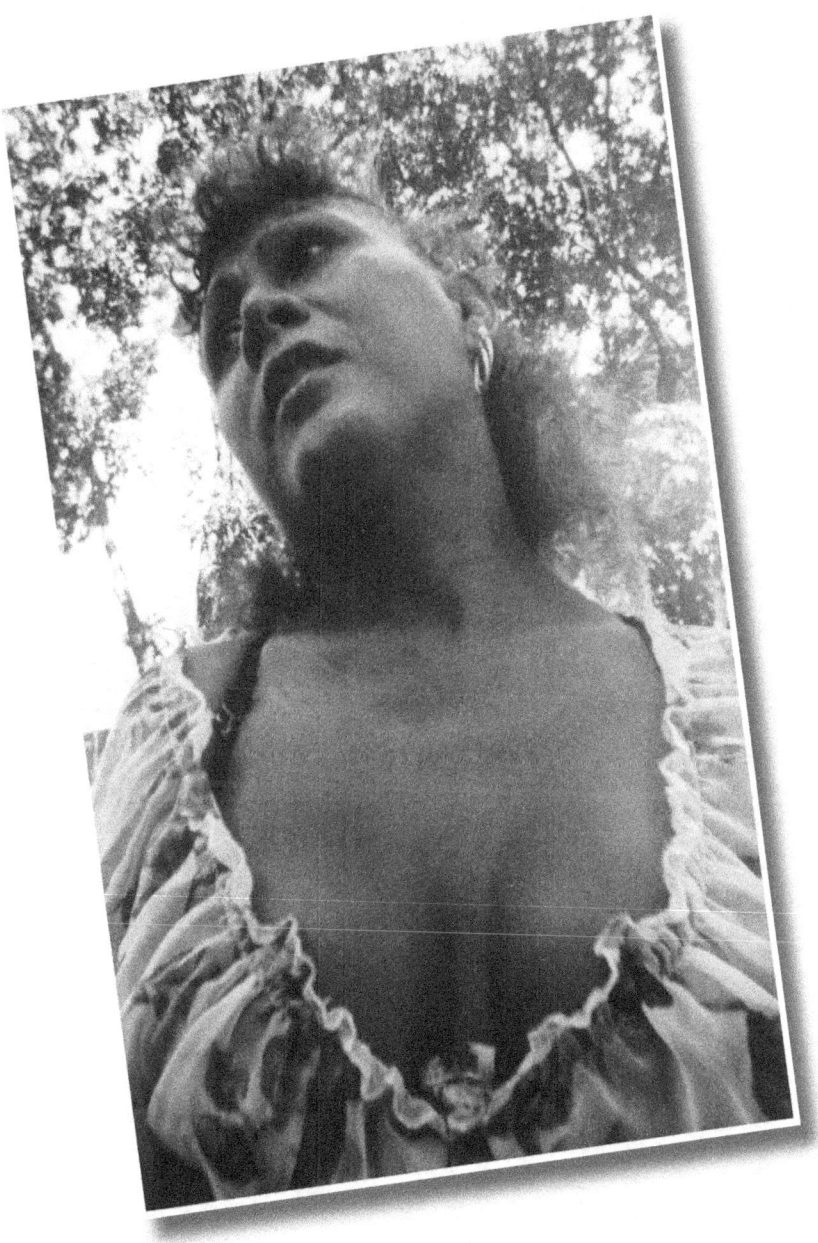

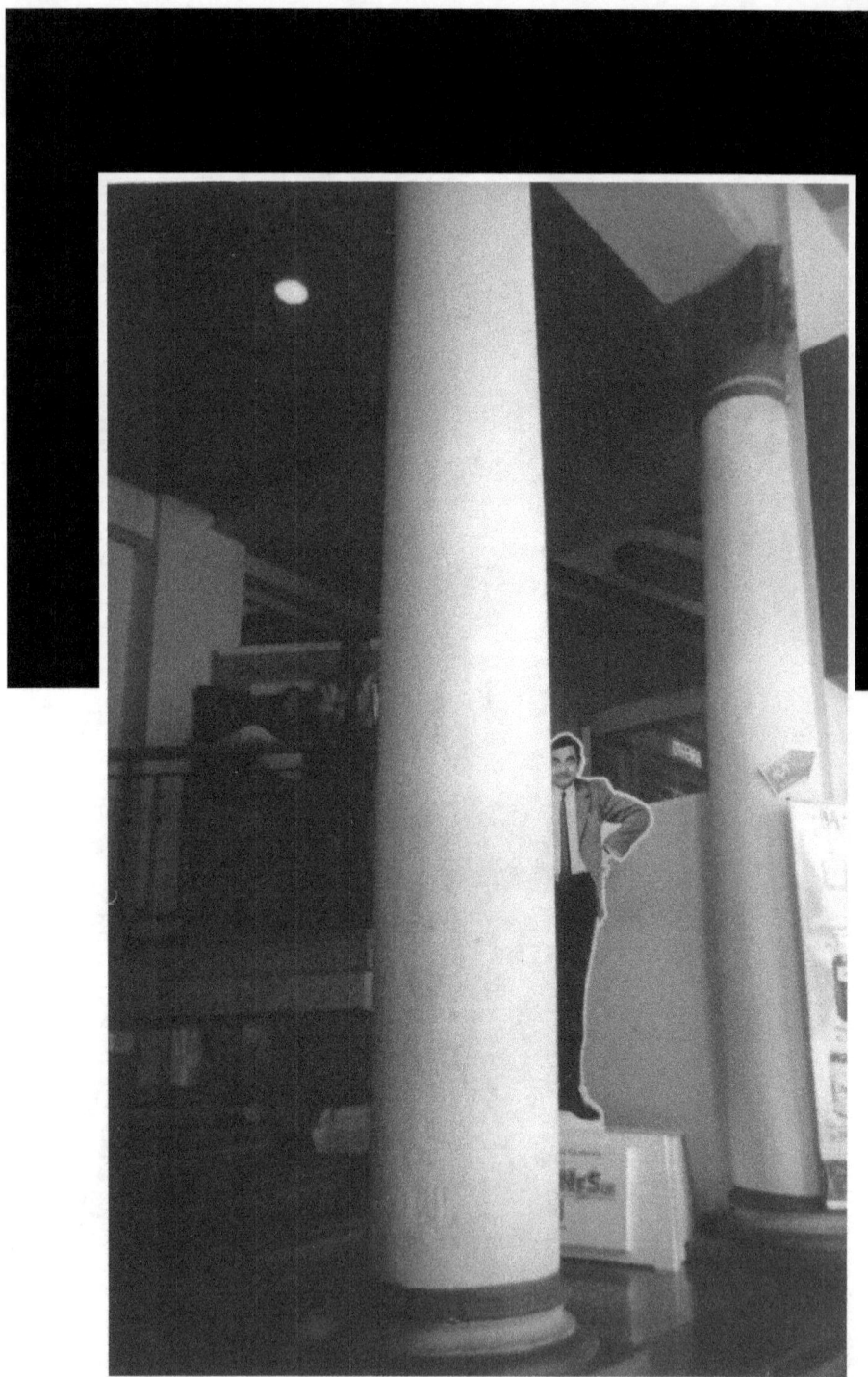

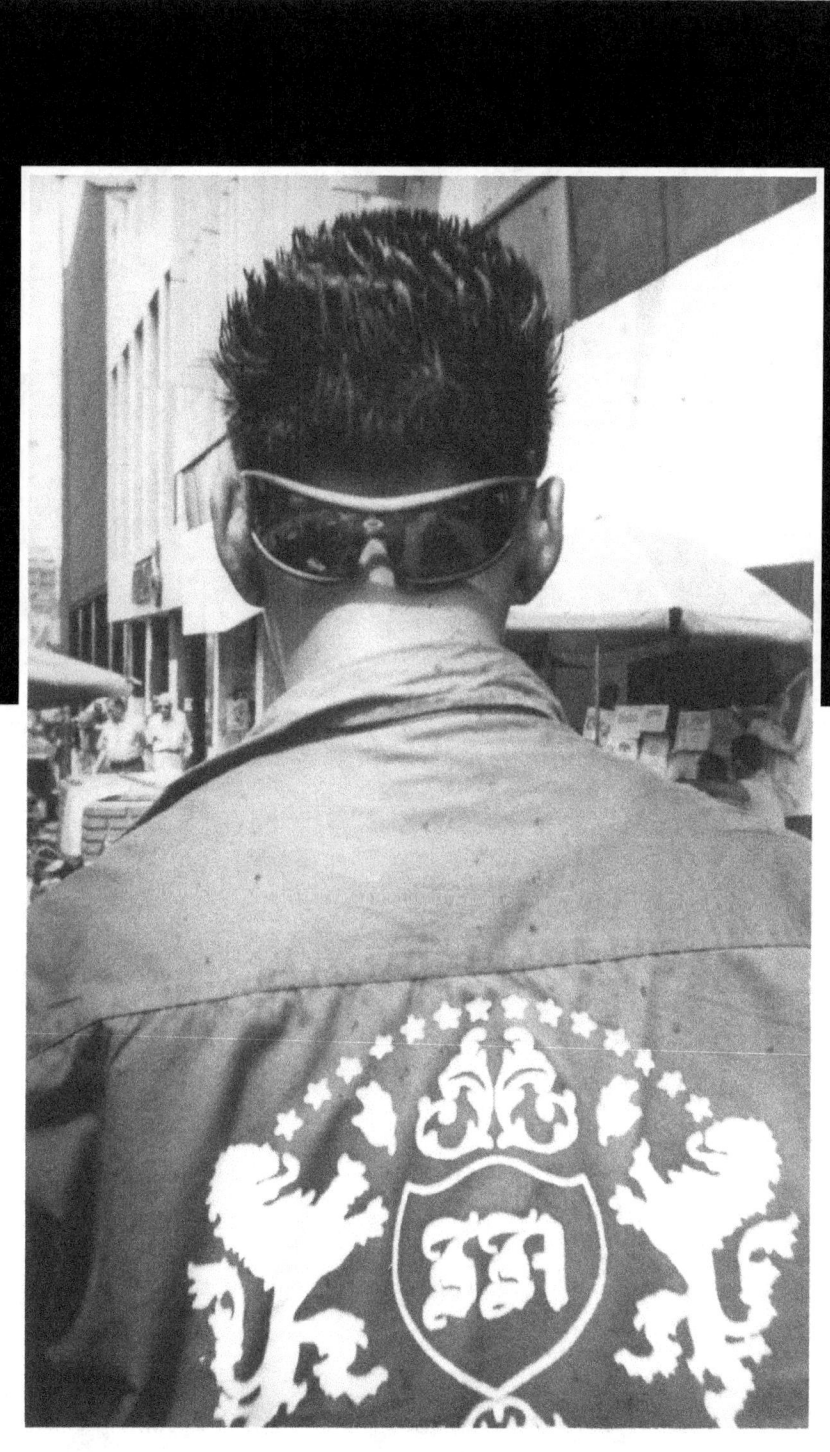

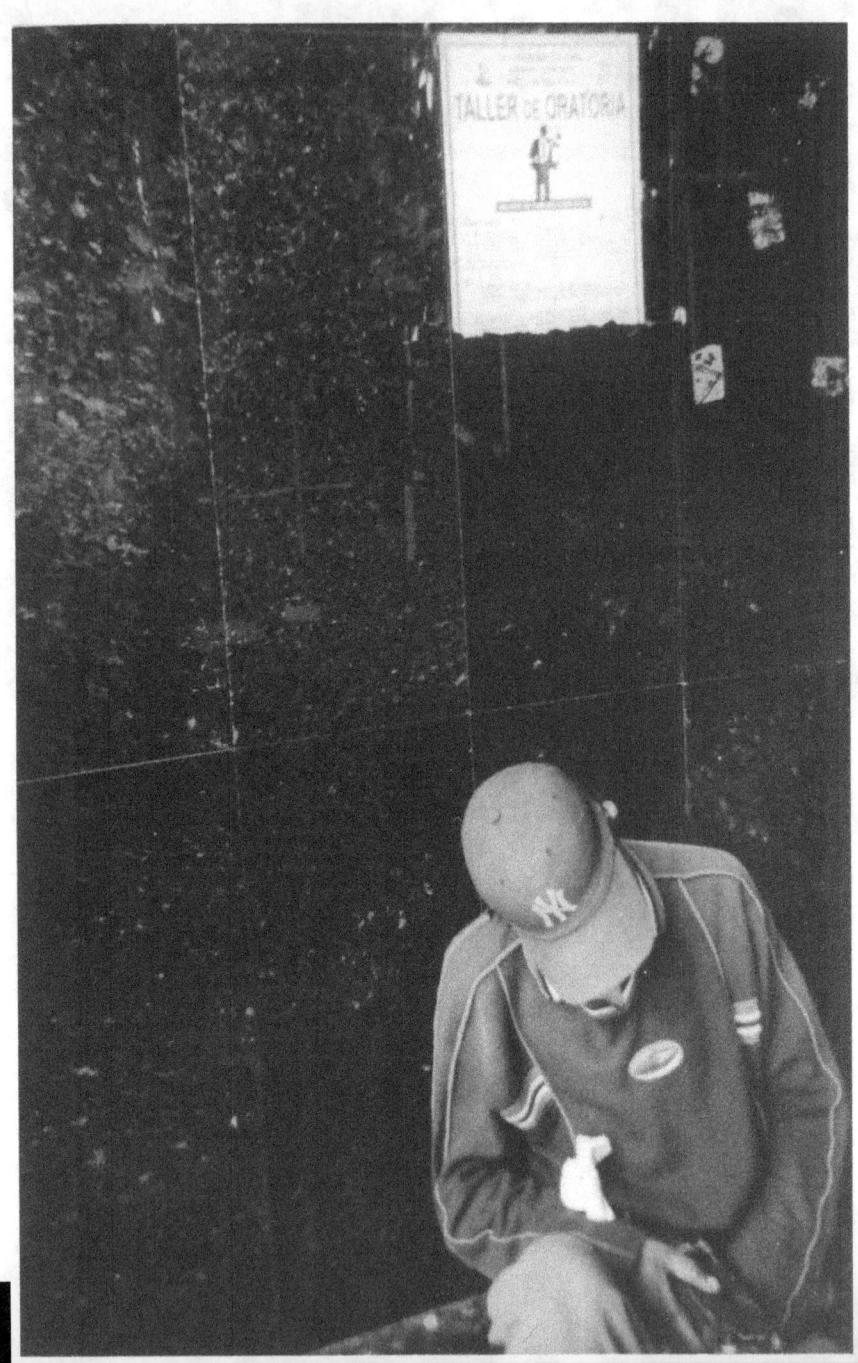

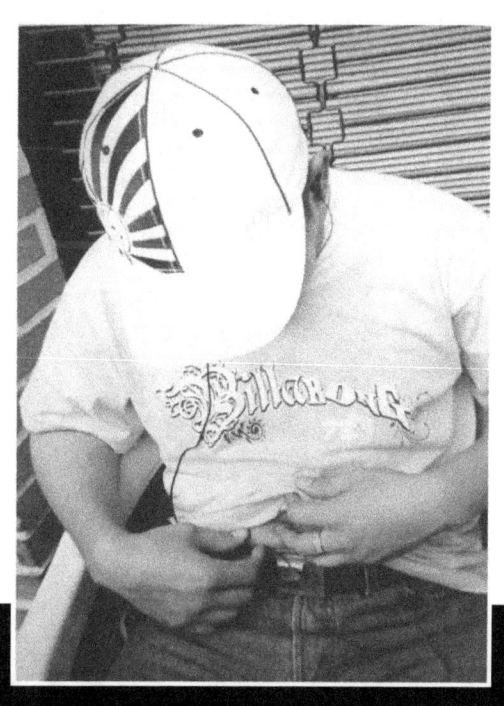

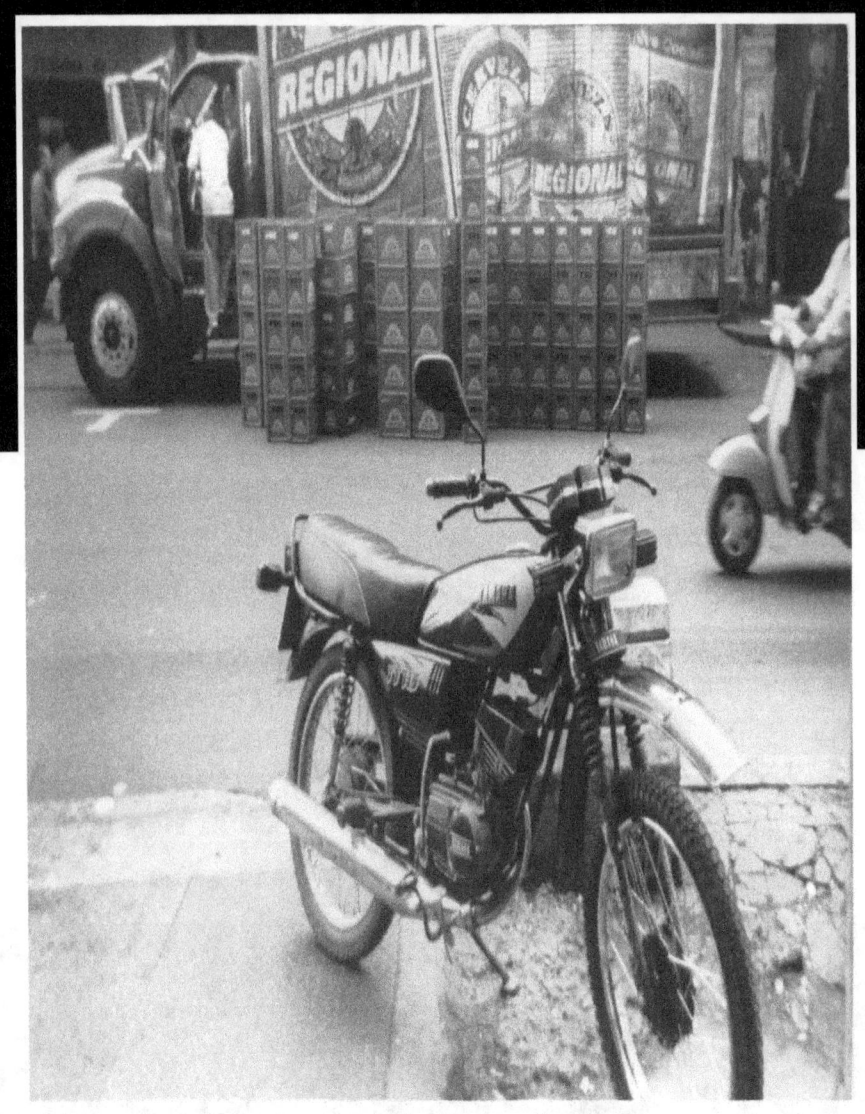

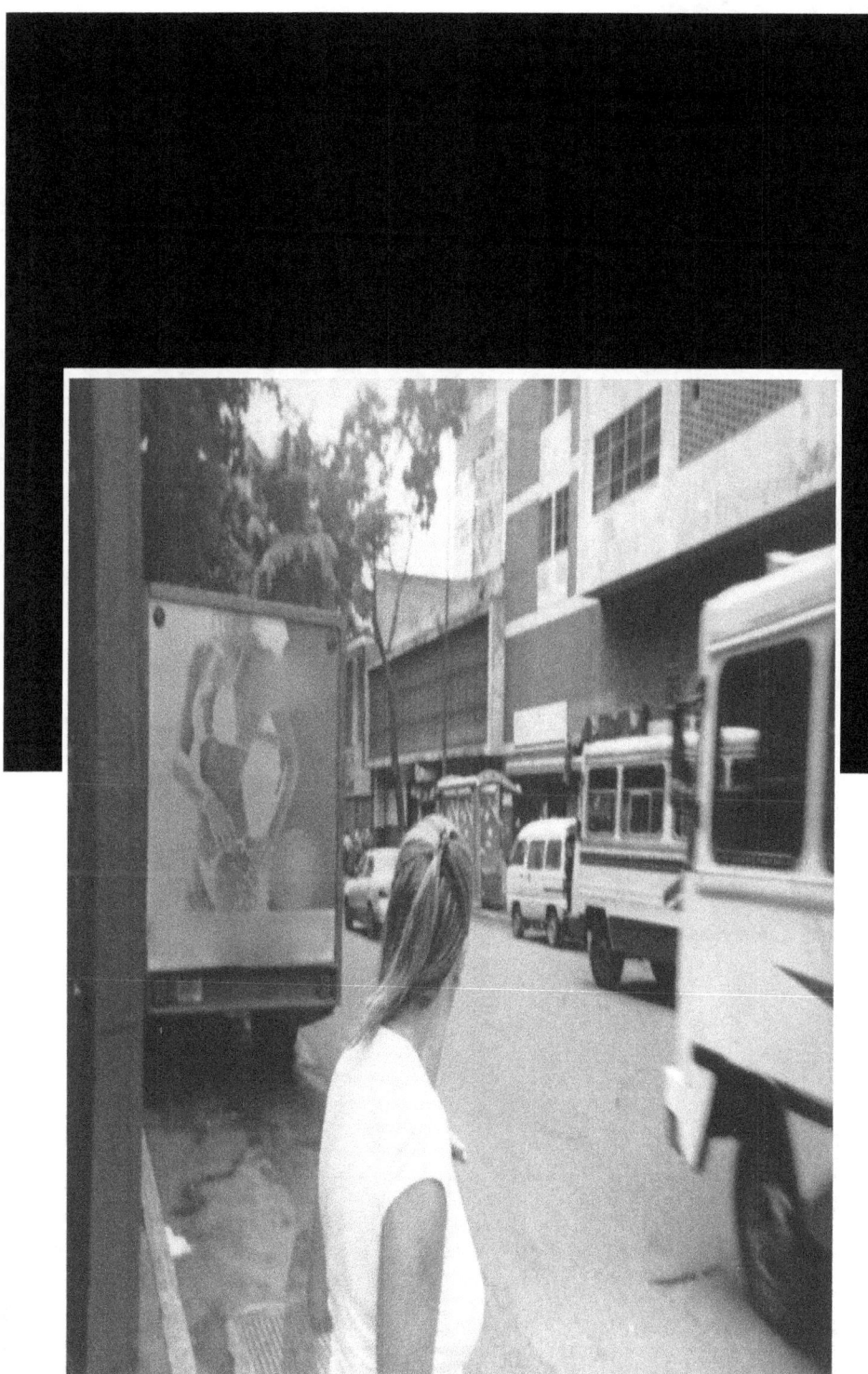

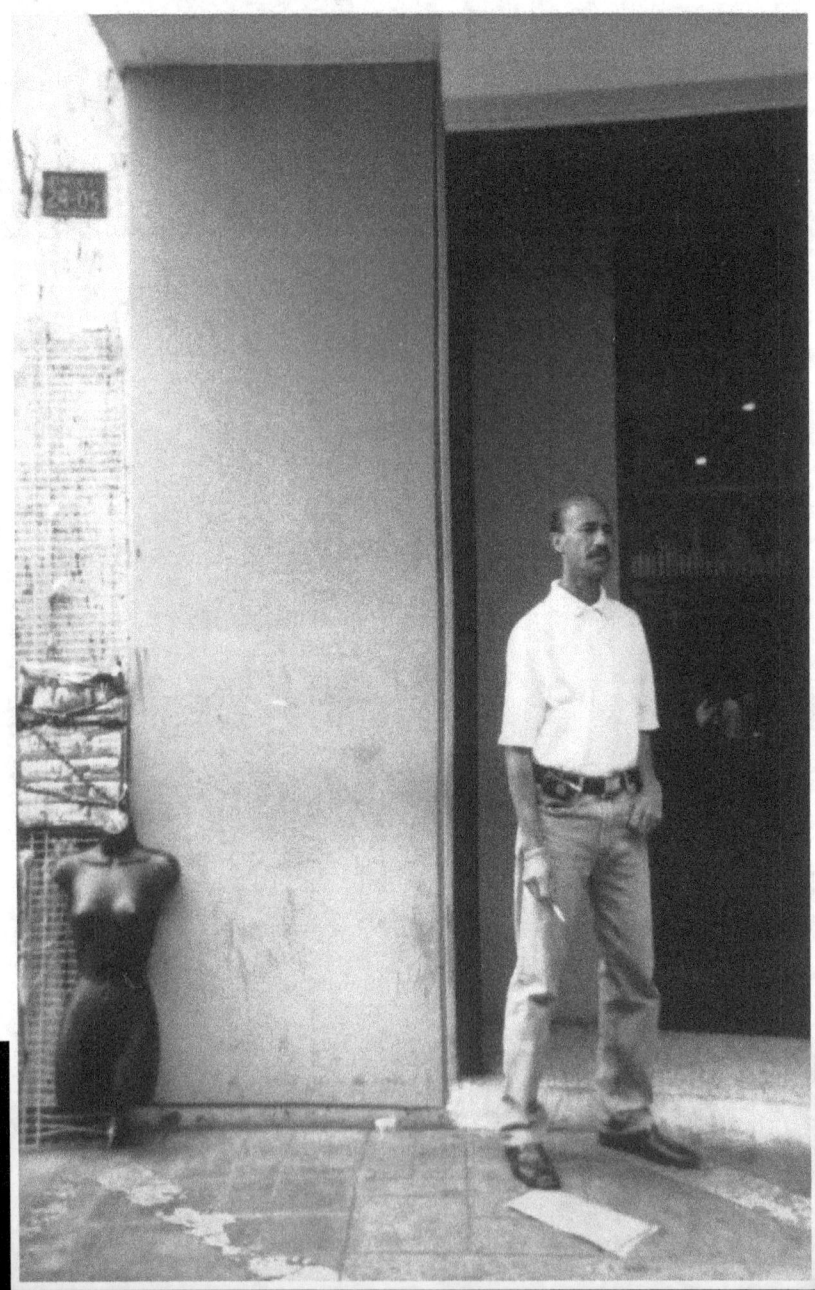

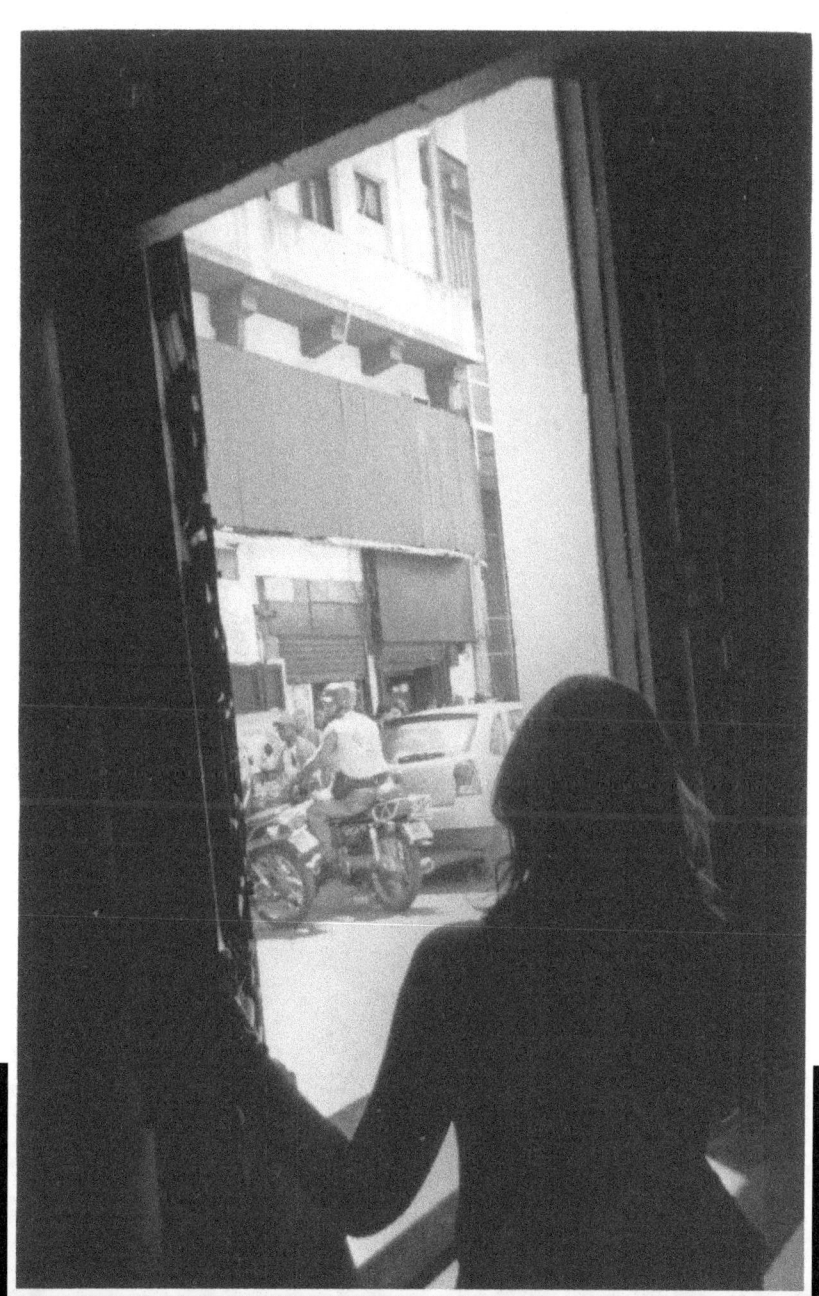

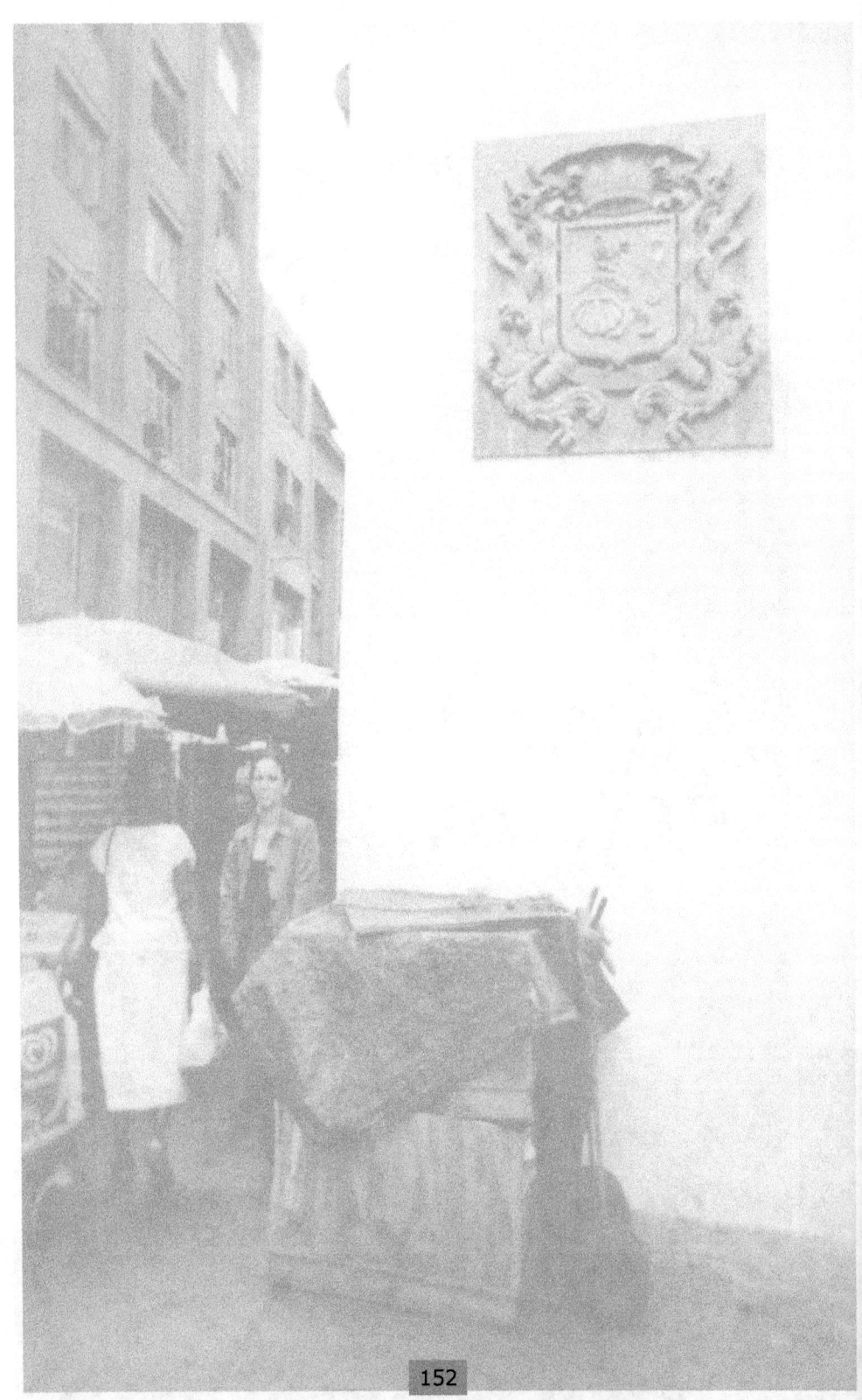

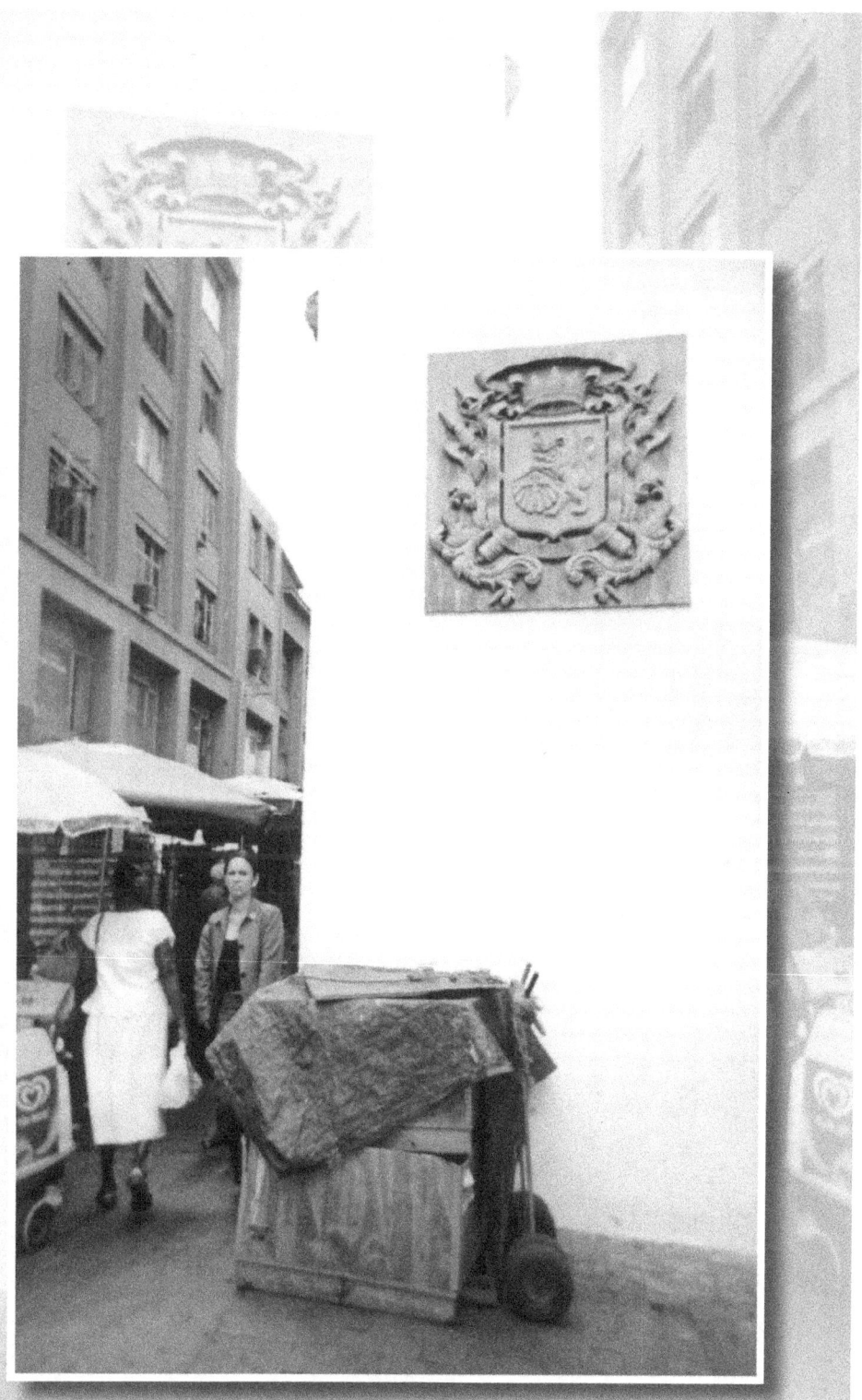

Ricardo Ferreira

En 1984, aparece con una interesante muestra integrada por 24 imágenes captadas en el viejo Cementerio General del Sur. Esta serie, en blanco y negro, una de las más conocidas en la carrera de Ferreira, revela su lúcida utilización del lenguaje fotográfico, que sin necesidad de recursos rebuscados ni discursos tendenciosos, logra comunicarnos el sentido de su "aventura" en el olvidado camposanto. El título provisional de la muestra "La segunda muerte", apunta directamente hacia la primera lectura que obtenemos: la dialéctica de la muerte, concentrada en este caso en la destrucción por abandono de los monumentos que sirven de homenaje a ésta; una experiencia llena de humor negro, con situaciones disímiles que atrapan nuestra atención. Christiane Dimitriades

Referencias

http://vereda.ula.ve/wiki_artevenezolano/index.php/ Ferreira,_Ricardo

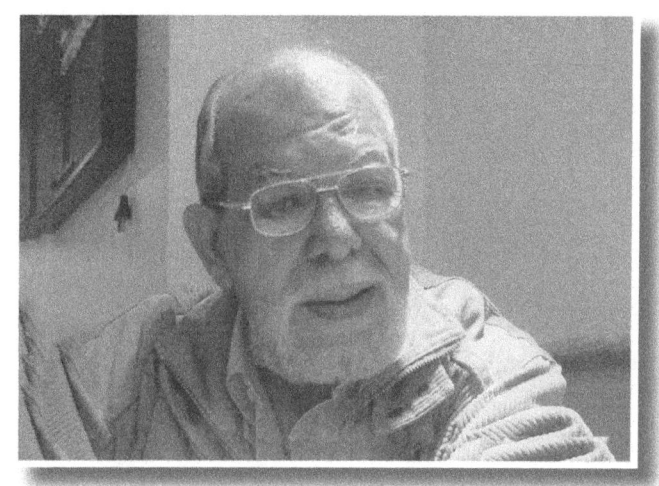

Ricardo Ferreira

El Idealismo Fotográfico. La imagen hecha poesía.
Vio su primera luz en 1948 y decidió escribir con ella, entrevistar su entorno y enviarnos más de mil palabras en una imagen.

Estudió Fotografía en el Instituto de Diseño Neumann y realizó diversos cursos donde descubrió sus dos grandes pasiones, el oficio de fotógrafo y la docencia, es por ello que ha impartido clases y seminarios en 5 universidades durante 37 años, al mismo tiempo que trabajó para 5 reconocidos periódicos e hizo 29 exposiciones. Con 9 premios obtenidos nos trae su nuevo fotoreportaje bautizado como "La Sociedad del Silencio".

Ricardo Ferreira (hijo)

Bibliografía

Varios autores: EL Silencio y sus alrededores, imagen del pasado y presente de una azona de Caracas. Caracas Fundarte, colección Rescate 1.985 Cap I y III.

Meneses, Carlos: Libro de Caracas. Caracas Fundarte, Colección Rescate1.995 2da edición.

Durand, Guillermo, González Antonio: Caracas en 25 escenas. Caracas Fundarte 2.002 Cap IX.

Wikipedia: http://vereda.ula.ve/wiki_artevenezolano/index.php/Ferreira,_Ricardo

Diseñadora Gráfica: **Marianela Francioni**

www.ingramcontent.com/pod-product-compliance
Lightning Source LLC
Chambersburg PA
CBHW051917170526
45168CB00001B/422